불편한 진실을 넘어 최고의 굿뉴스를 만나다!

가장 아름다운 소식, 복음

Filled with Grace

은채는 "**은혜로 채우다**"의 줄임말입니다.

도서출판 은채는 독자들의 마음을 하나님의 은혜로 채우는 책들을 출판하려 합니다. 하나님께서 이 책과 도서출판 은채의 모든 책을 읽는 독자들의 마음과 삶을 은혜로 채워주시길 기도합니다.

불편한 진실을 넘어 최고의 굿뉴스를 만나다!

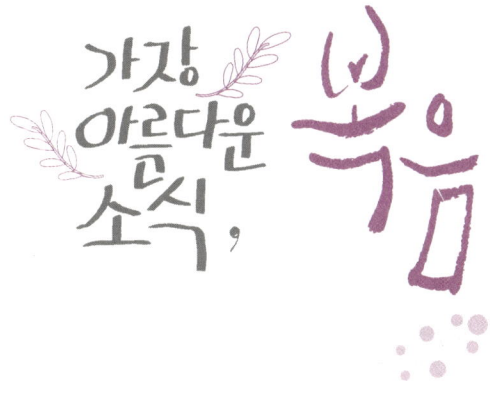

이재기 지음

도서출판 은채

복음은 모든 것을 변화시킨다.
그것은 역사의 전환점
지금도 복음은 나를 바꾸고 있다.
과거의 나로부터
- Meredith Andrews

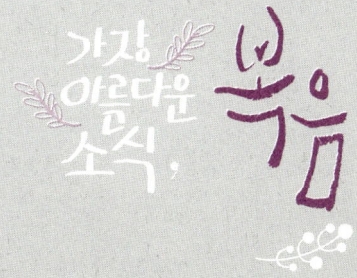

추천의 글

재밌다! 감동이다! 쉽다! 복음과 기독교의 핵심진리를 이렇게 쉽고 재미있게 감동적으로 들려줄 수 있는 설교자가 세상에 얼마나 될까? 강해 설교의 명문 달라스 신학대학원 출신의 설교학 교수이자 신실한 목회자인 이재기 박사 사역의 진수를 보여주는 책이다! 최고의 신앙 안내서이자 복음에 대한 해설서이다!

김택수 | 성서침례대학원대학교 총장 · 극동방송 칼럼니스트

그리스도의 복음도 인간이 그 중심을 차지한 시대가 되었습니다. 복음의 내용이 전면적이지는 않지만 교묘하고 미묘하게 그 주도권이 하나님에게서 인간에게로 흘러가고 있습니다. 인간 실존을 위로하고 교회 성장에 초점을 맞추어 선포된 복음들이 이런 흐름을 만들고 있는 것이지요. 참으로 심각한 일입니다. 여기에 제동을 걸만한 귀한 책이 등장했습니다. 이 책의 신학적 기조는 '진정한 옛길'을 고수하면서도, 그 내용과 논증 방식들은 굉장히 신선하고 새롭습니다. 일반적으로, 정밀한 지식과 정서적 감동은 함께 한 자리를 차지하기 어려운데, 이 책은 그 두 가지를 한 의자에 올려놓고 있습니다. 전달하는 내용이 저자의 인격 안에서 제대로 정리되어 관통할 때 나타나는 현상입니다. 차분히 이 책을 한 번 읽어보십시오. 그리스도의 영광스러운 복음에서 우리가 어디에서부터 무엇을 버리고 이탈했는지, 무엇보다 어떻게 그 원래의 자리로 돌아가야 할지가 선명하게 보일 것입니다.

김관성 | 행신교회 담임목사 · 『본질이 이긴다』의 저자

지난 이천 년의 인류 역사 속에서 인간에게 가장 큰 영향을 준 것을 고르라면 저는 당연히 복음이라고 말하고 싶습니다.

절망 속에 있던 사람들이 소망으로, 어두움에 있던 사람들이 빛으로, 두려움에 살던 사람들이 해방을 경험하게 된 것은 모두 복음 때문입니다. 이런 복음을 사도 바울은 구원을 주시는 하나님의 능력이라고 표현했습니다.

하지만 복음이 무엇인지 모르는 사람에게 복음을 설명하는 것은 결코 쉬운 일이 아닙니다. 인도네시아에는 두리안이라고 하는 과일이 있는데 매우 독특한 맛과 향을 가지고 있습니다. 이 두리안을 전혀 모르는 사람에게 두리안이 어떤 과일인지를 설명한다는 것은 매우 힘든 일입니다.

복음을 모르는 사람에게 복음을 설명하는 것은 과일 하나를 설명하는 것과는 비교도 되지 않습니다. 그래서 어떤 사람들은 그 복음을 온전히 깨닫게 되는 것을 거듭나는 것으로 표현하기도 합니다.

이재기 목사님의 글을 읽으며 복음을 전하려는 전도자의 마음이 느껴졌습니다. 이재기 목사님은 이 책을 통해 설명하기에 결코 쉽지 않은 복음을 아주 친절하게 우리에게 들려줍니다. 45년 전 복음을 전혀 모르던 저는 이 책에서 말하는 불편한 진실을 마주해야만 했습니다. 바르게 살려고 했던 10대 소년은 자기가 죄인이라는 사실을 인정해야 했고, 예수 그리스도께서 저를 위해 십자가에서 그 고통스러운 죽임을 당하셨다는 사실을 받아들였습니다. 그리고 주님과의 새로운 관계가 시작되었습니다.

이 책을 읽는 동안 저는 그때의 감격으로 다시 돌아갈 수 있었습니다. 이 책을 모든 그리스도인이 읽기를 권합니다. 그리고 처음 복음을 알게 된 때의 감격을 다시 맛보기를 바랍니다. 동시에 아직 복음을 이해하지 못하는 모든 사람이 읽기를 원합니다. 이 책을 읽는 사람들은 지난 이천 년 인류 역사상 최대의 뉴스가 무엇을 의미하는지 알게 되고, 소망으로, 빛으로, 해방의 감격으로 들어오게 될 것입니다.

손창남 | OMF 선교사

이 책은 기독교 신앙의 핵심인 복음이 무엇인지를 총체적이면서도 쉽고 간결하게 보여준다. 왜 기독교 복음인가? 기독교 복음은 모든 믿는 자를 구원하시고 변화시키는 하나님의 놀라운 능력이기 때문이다. 그것은 우리에게 하나님의 마음과 핵심 교리에 대한 이해, 그리고 풍성한 삶, 윤리, 비전의 기초를 제공한다. 오늘날 교회와 크리스천의 문제점은 복음에서 떠나 능력을 잃고 날로 세속화되어 간다는 것이다. 이 책은 그런 교회와 크리스천들을 다시 한번 복음 앞에 세움으로써 복음의 감격이 살아나게 하고 복음의 능력이 그 삶 가운데 회복되도록 도와줄 것이다. 아울러 이 책은 아직 기독교 복음을 잘 모르는 사람들을 위해서도 아주 유익한 책이다. 저자는 복음에 관한 기본 교리들을 그들의 입장에 서서 친절하게 소개함으로써 그들이 기독교 복음의 내용을 쉽게 이해하고 받아들일 수 있도록 안내하고 있다.

복음의 내용이 궁금한 사람들, 복음의 의미를 총체적으로 알고 공부하며 자신의 소중한 사람들과 나누기 원하는 사람들에게 꼭 필요한 필독서이다.

이상만 | 오이코스코리아 대표 · 백석대학교 교수

이 책은 기독교의 복음에 대한 선명한 가이드북입니다. 하나님의 존재에서부터 십자가, 부활, 믿음을 거쳐 성령에 이르기까지 복음에 관련된 다양한 요소들을 재미있게 설명하면서 독자들을 복음의 세계로 안내하고 있습니다.

독특한 점은 사람들이 복음에 대해 품을만한 의문과 불편함에 대해 외면하지 않고 그런 것들을 인정하는 가운데 그럼에도 불구하고 왜 복음이 필요하며 왜 복음을 믿어야 하는지를 설득력 있게 이해시키고 있다는 것입니다. 저자인 이재기 목사님은 이러한 문제들을 철저한 성경적 원리에 입각해서 그의 탁월한 논리와 해박한 지식, 그리고 현대적 감각의 뛰어난 문체로 아주 쉽고 명쾌하게 풀어나갑니다.

이 책을 읽는 분들은 "아하!"하는 탄성을 자아낼 것이라고 믿습니다. 모든 분들에게, 특별히 기독교 복음을 알기 원하는 분들, 복음에 대한 명확한 이해가 필요한 분들, 또 복음을 효과적으로 전하기를 원하는 분들에게 필독서로 강력히 추천드립니다.

이재학 | 디모데성경연구원 대표

목차

추천의 글   6
여는 글   14

01_ 하나님의 존재   20
02_ 자신의 상태   38
03_ 전적 타락   50
04_ 십자가   60
05_ 부활   74
06_ 예수 그리스도의 유일성   94
07_ 은혜   106

08_ 지옥 120

09_ 회개 130

10_ 믿음의 필요성 140

11_ 믿음의 의미 152

12_ 하나님 나라 164

13_ 교회 178

14_ 성령 190

감사의 글 204

여는 글

 복음은 굿 뉴스good news, 즉 기쁜 소식을 의미합니다. 복음을 의미하는 그리스 용어 "유앙겔리온"εὐαγγέλιον은 당시 로마의 황제가 즉위하거나 전쟁에서 자국이 승리한 것과 같이 참으로 기쁜 소식을 지칭할 때 쓰였던 용어입니다. 당시 신의 아들로 추앙받던 가이사의 즉위나 전쟁 승리의 소식이 국가적으로 얼마나 기쁘고 좋은 소식이었을까요? 복음은 그렇게 기쁜 소식이라는 뜻입니다.

 물론 기독교가 말하는 예수 그리스도의 복음은 가이사의 즉위나 전쟁에서의 승리와는 비교할 수 없이 기쁘고 감격스러운 소식입니다. 그것은 사람의 영원한 운명을 송두리째 바꾸는 것에 대한 소식입니다. 그리고 그것은 우리 삶의 모든 것을 바꾸어놓을 수 있는 강력한 소식입니다. 우리가 잘 모르고 있지만 사실은 모든 사람이 언제나 원하던 소식이기도 합니다. 그것은 무조건적인 사랑과 용서에 대한 소식이며 위대한 구원과 회복의 아름다운 소식입니다. 실제로 복음보다 더 좋고 아름다운 소식은 없습니다.

그러나 안타깝게도 많은 사람이 그렇게 생각하지 않는 것으로 보입니다. 그들은 복음이 얼마나 좋은 소식인지를 잘 모릅니다. 그들은 복음의 기쁨과 아름다움에 대한 말을 교인들끼리 주고받는 일종의 종교적 상투어로 생각하는 것 같습니다.

사람들이 복음을 굿 뉴스로 생각하지 못하는 것에는 여러 이유가 있을 수 있습니다. 그 가운데는 유감스럽게도, 그리고 안타깝게도 믿는 사람들의 책임이 분명히 있습니다. 그동안 저를 포함해서 복음을 믿는다는 그리스도인들이 복음의 아름다움, 즉 복음이 얼마나 좋은 소식인지를 보여주지 못한 것입니다. 우리의 삶도, 복음의 전달 방식도 다 미흡했습니다. 복음을 진짜 굿 뉴스처럼 전달하지 못했고 복음을 살아내지도 못했다는 말입니다.

그러나 그게 이유의 전부는 아닙니다. 복음에는 사람들이 마냥 좋아할 수만은 없는 내용이 들어 있습니다. 소위 "나쁜 소식"이 포함되어 있는 것입니다. 문제는 사람들이 복음을 만나기 위해서는 그 나쁜 소식을 반드시 먼저 만나야 한다는 데 있습니다. 복음이 함의하고 있는 그 나쁜 소식은 분명 진실입니다. 그러나 그것은 우리가 대면하고 싶지 않은 불편한 진실입니다.

복음 속에 있는 불편한 진실의 대표적인 예가 바로 인간은 죄인이라는 것입니다. 우리 중 대부분은 자신에게 죄가 있다는 것을 모르지 않습니다. 때로는 양심의 심한 가책에 시달리기도 합니다. 그리고 자신의 죄로 인한 파괴적인 결과를 삶 속에서 경험하기도 합니다. 그러나 우리는 그 사실을 대면하거나 인정하고 싶어 하지 않습니다. 때로 우리는 그 불편한 진실을 일깨워주는 메시지나 메신저에 대해 화를 내기도 합니다. 내가 왜 죄인이냐고 따집니다. 그런 상황에서는 복음이 더 이상 기쁜 소식이 될 수가 없습니다.

이천 년 전 예수님의 시대에도 이 불편한 진실에 걸려 복음을 만나지 못했던 사람들이 있었습니다. 그들은 바로 당시 존경받던 바리새인과 종교인들이었습니다. 그들은 자신들 안에 있는 죄를 인정하지 않았습니다. 오히려 그들은 자기들의 의로움과 선행으로 하나님의 인정을 받고 구원을 따내려 하였습니다. 그것을 가지고 자기를 내세우며 하나님과 거래를 하려 했던 것입니다. 오늘날 많은 신실한 종교인과 도덕주의자들이 그러는 것처럼 말입니다.

그들은 예수님께서 그들 안에 있는 위선과 은밀한 죄에 대해 지적을 하자 도리어 화를 내며 예수님을 죽이려 들었고 결국은 그렇게 했던 것을 우리는 압니다. 그래서 그런 그들에게 예수님은 "건강한 사람에게는 의사가 필요하지 않으나, 병든 사람에게는 필요하다"라고 하시면서 "나는 의인을 부르러 온 것이 아니라, 죄인을 부르러 왔다"는 유명한 말씀을 하신 것입니다. 그 말은 그들이 죄인의 범주에 들지 않는다는 뜻이 아니라 자기들의 죄를 인정하지 않고 스스로를 의인으로 생각한다는 뜻이었습니다. 중병을 앓고 있는 병자가 자기의 질병 사실을 인정하지 않고 오히려 자기를 건강한 자로 생각하는 것과 다를 바가 없었습니다. 그래서 안타깝게도 그들은 복음을 만나지 못했던 것입니다.

이 책은 기독교 복음과 연관된 다양한 요소들을 하나하

나 찬찬히 살펴보는 가운데 복음이 우리에게 왜 필요하며 또 어떻게 그것이 기쁜 소식인지를 설명함으로써 독자들로 하여금 은혜의 복음을 만날 수 있게 돕는 책입니다. 그런 과정에서 독자들은 각 요소 안에 내재한 불편한 진실을 마주하겠지만 그 너머에 있는 기쁜 소식을 보면서 복음에 한 걸음 더 가까이 다가가게 될 것입니다. 바라기는 이 작은 책을 통해 모든 독자가 인생 최고의 굿 뉴스이자 가장 아름다운 소식인 복음을 만날 뿐 아니라 복음의 실체이신 예수님을 인격적으로 만날 수 있었으면 하는 마음입니다. 좀 더 일찍 복음을 접했던 사람으로서 하나님의 애끓는 사랑이 담긴 이 아름다운 소식을 더 많은 사람이 만날 수 있도록 글로서 돕는 일은 제 마음에 언제나 있었던 간절한 바람이었고 기도였습니다. 부디 몇몇 사람이라도 이 안내서를 통해 믿음으로 예수님을 만나게 된다면 그보다 더 기쁜 일은 없을 것입니다.

또한 이미 복음을 듣고 믿게 된 독자들은 복음을 더 온전하고 명확하게 이해할 수 있기를 바랍니다. 복음은 예수님을 믿지 않는 자에게만 필요한 것이 아니라 이미 믿는 자에게도 필요합니다. 복음은 우리에게 임한 하나님의 놀라운 은혜를 상기하게 함으로써 우리의 마음에 불을 지릅니다. 그리고 복음은 과거 예수님을 믿었을 그 순간뿐 아니라 우리의 현재 삶 속에서 계속 변화를 만들어냅니다. 바울이 로마에 있는 그리스도인에게 복음 전하기를 원했던 것은 그 사실을 잘 알았기 때문입니다. 이 책은 십자가나 부활, 믿음과 같이 복음과 연관되어 일반적으로 다루는 주제뿐 아니라 하나님 나라, 교회, 성령 등의 주제까지 다룸으로써 보다 넓은 차원의 복음을 독자들에게 설명하려 했습니다. 그것들은 사실 우리가 반드시 알아야 할 기독교 신앙의 기본 교리이기도 합니다. 그러한 복음의 총체적 차원들을 통해서 그저 죄를 용서받아 천국행 티켓을 얻는 것에 그치는 것이 아니라 지금 여기에서부터 삶을 바꾸는 복음의 능력을 모든 독자가 경험할 수 있기를 간절히 기도합니다.

2019년 4월, 봄기운 완연한 대명산 자락에서

이재기

01_

하나님의 존재
God's Existence

저희 딸아이가 초등학교 다닐 때 입었던 티셔츠에는 영어로 "The world revolves around ME"라는 문구가 새겨져 있었습니다. "지구는 나를 중심으로 돈다"는 뜻이죠. 그 문장은 둥글게 디자인이 되어 있었는데 "ME"라는 단어가 하단의 중심에 엄청 크게 쓰여 있었습니다. 누구라도 시선을 주지 않을 수 없게끔 말입니다.

그 문구는 오늘날의 문화를 대변합니다. 미국의 시사평론가인 데이빗 브룩스David Brooks는 오늘날의 문화를 "빅미Big Me의 문화"라고 하면서 이렇게 지적합니다. "겸손의 문화에서 큰 나Big Me로 부를 수 있는 문화로 대대적인 이동이 일어났다. 겸손을 강조하던 문화에서 자신을 우주의 중심으로 보라고 권장하는 문화로 바뀌었다." 그러면서 그는 1954년에는 미국인의 12%만이 자신을 매우 중요한 사람으로 보았는데 1989년이 되자 그 수치는 무려 80%까지 치솟았다고 지적합니다. 지금은 그 수치가 더 높아졌겠지요.

자신이 마치 우주의 중심이라도 되는 듯이 자신을 크게 보는 요즈음의 문화적 경향은 수년 전 초대형 베스트셀러로 출판계에 돌풍을 일으켰던 『시크릿』이라는 책에서도 찾아볼 수 있습니다. "수 세기 동안 단 1%만이 알았던 부와 성공의 비밀"이라는 부제가 붙은 이 책에는 다음의 글이 나옵니다.

지구는 당신을 위해 돌고 있습니다. 태양은 당신을 위해 밀물과 썰물을 만듭니다. 새들은 당신을 위해 지저귑니다. 해가 뜨고 지는 것은 당신을 위해서입니다. 별들 또한 당신을 위해 떠 있습니다. 당신은 우주의 주인입니다. 당신은 완전한 생명입니다.

얼핏 보면 하나님을 찬양하는 기독교 찬송가의 가사 같습니다. 그런데 이 글에서 "당신"은 하나님이 아닙니다. 이 책을 읽고 있는 독자입니다. 거기에는 이런 놀라운 글도 나옵니다.

당신은 육신을 입은 신이다. 당신은 육신 안에 있는 영이다. 당신은 우주적 존재다. 당신은 모든 능력이다. 당신은 모든 지혜이다. 당신은 창조주이며 이 지구에 당신의 창작품을 창조하고 있다.

이 또한 하나님에 대해 말하는 것이 아닙니다. 부와 성공을 얻고 싶은 독자들에게 그들이 어떤 존재인지 바로 보라고 부추기는 말입니다. 한마디로 자신을 신적 존재로 봐야 한다는 것이지요. 전 세계 50개의 언어로 삼천만 명 이상이 이 글을 읽었고 이 책에 열광했습니다.

이런 문화 가운데서 기독교 복음은 우리가 우주의 중심이 아니며 우리를 만드시고 우리 인생을 심판하실 하나님의 존재를 전제前提합니다. 기독교의 복음은 죄와 구원에 대해 말하고 있는데 이는 그런 하나님이 없다면 전혀 의미가 없는 이야기입니다. 죄는 본질적으로 모든 것의 주인이시자 도덕법을 만드신 하나님에 대한 범죄이며 구원은 하나님의 주도권 하에서 이루어집니다. 따라서 자신을 우주의 중심으로 생각하는 많은 사람과 그것을 부추기는 현대 문화의 입장에서 볼 때 복음의 배경에 있으면서 복음을 감싸고 있는 이런 하나님의 존재는 상당히 불편하게 느껴질 것입니다. 설사 자기를 신적 존재로 부풀려보지 않는다고 하더라도 그냥 하나님 따위란 없다고 생각하는 오늘날의 수많은 무신론자에게도 하나님의 존재는 동일하게 불편한 주제입니다. 그것은 분별력 없는 맹신자들이나 신봉하는 허무맹랑하고 근거도 없는 이야기요 자기네와 같은 사람들의 심기를 불편하게 하는 헛소리에 불과합니다.

하지만 하나님의 존재는 무식한 사람들이 아무 이유나 근거도 없이 그저 누가 믿으라고 하니까 받아들이는 맹목적 믿음의 내용이 아닙니다. 또한 많은 사람이 오해하는 것처럼 그분의 존재는 성경에서만 주장하는 것도 아닙니다. 그 주장을 받아들일 만한 많은 합리적인 근거가 있습니다. 가만히 보면 하나님은 우리에게 당신의 존재에 대한 여러 단서를 남겨주셨습니다. 물론 그것들이 "물샐틈없는 완벽한 증거"라고 말하진 않겠습니다. 그런 증거라면 그것 때문에 안 믿을 수가 없게 되는데 하나님은 우리가 그렇게 코너에 몰려 어쩔 수 없이 당신을 믿게 되길 원하지 않으십니다. 그분이 원하시는 것은 우리와의 인격적 관계입니다. 모든 인격적인 관계에서 그런 것처럼 그분은 우리가 자발적으로 당신을 선택하기 원하십니다. 그래서 하나님께서 주신 증거는 그것을 토대로 해서 우리를 믿음으로 이끌고 갈 정도의 증거인데 증거라는 단어보다는 팀 켈러Tim Keller가 자신의 저서 『하나님을 말하다』에서 사용한 것처럼 "단서"라는 단어가 더 좋겠습니다.

그러면 어떤 단서가 있을까요? 먼저는 인간의 종교성입니다. 이것은 이 세상의 모든 피조물 가운데 인간만이 가진 독특한 성향입니다. 인간은 시대와 지역과 인종, 신분과 학벌과 사회적 지위를 초월하여 종교 행위를 합니다. 저 미개한 남태평양의 섬나라에도 다양한 종교가 있고 미국의 실리콘밸리에도 수많은 교회가 있습니다. 많은 식자는 인간이 더 "성숙"해지고 부유해지며 과학과 기계문명이 발달하면 종교는 점점 쇠퇴하게 될 것이라고 예측했습니다. 그러나 과연 그렇게 되었나요? 아닙니다. 오히려 더 많은 사람이 신을 믿고 종교 행위를 합니다. 사람들의 종교적 욕구는 문명의 발달로도 상쇄가 안 되고 총칼로도 막아지지 않습니다. 중국을 보십시오. 그렇게 기독교를 막았지만 지금 중국은 전 세계에서 가장 기독교인이 많은 나라가 되었습니다. 왜 이런 일이 일어날까요? 그것은 하나님께서 인간을 그렇게 만드셨기 때문입니다. 창세기에 보면 인간은 하나님을 닮은 영적 존재로 만들어졌고 전도서 3장 11절에 의하면 하나님께서 사람에게 영원을 사모하는 마음을 주셨다고 합니다. 그래서 인간만이 지상의 다른 어떤 피조물과는 달리 영원을 사모하며 영적인 필요를 가지고 있는 것입니다.

인간에게 시공간을 초월한 이런 광범위한 종교적 필요가 있다는 것은 하나님의 존재에 대한 중요한 단서입니다. 생각해보십시오. 우리의 모든 필요에는 그 필요를 만족시키는 것이 실제로 있습니다. 우리에겐 물에 대한 필요가 있고 물은 실제로 있습니다. 우리는 음식에 대한 필요를 느끼며 음식 또한 있습니다. 공기에 대해서도 마찬가지입니다. 우리에겐 공기에 대한 필요가 있고 공기는 존재합니다. 모든 인간은 또한 사랑에 대한 필요를 느낍니다. 사랑도 물론 있습니다. 그렇다면 인간이 가진 신에 대한 필요에 관해서도 동일하게 말할 수 있지 않을까요?

또 다른 하나의 단서는 채워지지 않는 갈망입니다. 모든 인간에겐 이 지상의 것으로 채워지지 않는 깊은 갈망이 있습니다. 이스라엘의 3대 왕이었던 솔로몬은 역사상 가장 지혜로운 사람으로 평가받고 있습니다. 수많은 책을 썼고 그의 글이 성경에도 3권이나 포함되었습니다. 왕으로서 태평성대를 구가했으며 화려한 궁전과 성전도 건축했습니다. 엄청난 부자였고 국제적인 명성을 구가했습니다. 쾌락도 원 없이 즐겼습니다. 부인이 700명이었는 데다 첩이 300명 도합 천 명의 여인을 데리고 살았습니다. 그러나 그는 그 "모든 것이 헛되고 바람을 잡으려는 것과 같고 아무런 보람도 없는 것이었다"라고 고백합니다. 여전히 채워지지 않는 구멍이 있었다는 것입니다.

솔로몬만이 아닙니다. 수많은 성공한 사람들이 같은 경험을 했습니다. 대한민국에서 가장 유명한 소설가인 공지영 씨가 그 한 예입니다. 그녀는 소설가가 되어 유명해지면 행복할 것 같았는데 운 좋게도 유명한 소설가가 되었습니다. 내는 책마다 베스트셀러가 되어 돈도 무지 벌었습니다. 자고 나면 인세로 통장에 수천만 원씩 들어왔다고 했습니다. 행복했을까요? 그렇지 않았습니다. 오히려 우울증에 걸려 "영혼의 공허감"으로 인해 밤낮없이 음식을 먹어대었다고 했습니다. 왜 이런 일이 일어나는 것일까요? 파스칼은 그 이유로 "우리 안에 하나님이 만드신 구멍God shaped vacuum이 있다"라고 했습니다. 하나님이 아닌 다른 어떤 것으로도 채워지지 않는 구멍 말입니다. 그래서 우리는 "술 마시고 노래하고 춤을 춰 봐도 가슴속엔 하나 가득 슬픔뿐"임을 느끼는 것입니다. 그래서 우리는 때때로 베토벤의 음악과 같은 최고의 예술품에 대해서도 '이게 다인가?'라고 말하는 것입니다. 이 땅의 그 어떤 것으로도 채워지지 않는 갈망은 바로 우리 귀에 들리는 "다른 세상의 소문"입니다. 그것은 지금 여기가 전부가 아님을, 하나님과 그분이 다스리시는 영원한 세상이 있음을 가리키는 단서입니다.

또 하나의 단서를 더 든다면 그것은 바로 자연 세계의 질서와 디자인입니다. 우주에 질서와 디자인이 있음을 부인할 사람은 별로 없습니다. 사람들은 어떤 사물이 질서와 디자인을 가지고 있다면 그것이 저절로 그렇게 되었다고 생각하지 않습니다. 디자인은 지적知的인 디자이너의 존재를 전제합니다. 새로운 전자기기를 구입한 당신에게 누군가가 어느 회사에서 만든 것인가를 물었다고 합시다. 당신이 저절로 된 것이라고 대답한다면 그 사람은 황당하게 여길 것입니다. 말이 안 되는 대답을 했기 때문입니다. 그렇다면 그 전자기기보다 훨씬 정교하고 광대하며 말할 수 없이 복잡한 우리의 자연 세계와 우주가 저절로 생겼다는 것을 믿는 것이 합리적일까요?

우리는 너무나도 질서 정연하며 아름다운 자연 세계를 보며 질문해야 합니다. '누가 이 모든 걸 만들었지?' 그 질문은 전지전능한 하나님을 빼고서 대답하기가 쉽지 않을 것입니다. 인류 역사상 가장 뛰어난 지성 중 한 사람인 임마누엘 칸트는 이런 말을 한 적이 있습니다. "저 밤하늘에 반짝이는 무수한 별들은 내 마음을 경외감으로 가득 차게 만든다." 그는 그 광대하고 아름다운 밤하늘을 보며 그것들을 만든 조물주를 생각하지 않을 수가 없었습니다.

잘 알다시피 태양으로부터 지구의 거리는 생명체가 살기에 가장 적합한 온도가 되도록 떨어져 있습니다. 조금만 가까워도 다 타서 죽고 조금만 멀어도 다 얼어 죽게 됩니다. 정말 자로 잰 듯 딱 적당한 거리입니다. 누가 그랬을까요? 《인간 게놈 프로젝트》의 총책임자인 프란시스 콜린스Francis Collins 는 태양뿐 아니라 온 우주가 인간을 맞이할 완벽한 준비를 하고 있었다며 이런 설명을 하였습니다.

> 과학자의 관점에서 우주를 바라보면 마치 우주가 우리 인류의 도래를 알고 있었던 것처럼 보인다. 중력 상수 등 정확한 수치를 지닌 모두 15가지의 상수가 있는데 이 가운데 어느 하나가 단 백만분의 일, 아니 어쩌면 몇조 분의 일만 틀렸어도 우주는 우리가 지금 보고 있는 상태에 이르지 못했을 것이다. 물질은 유착될 수 없었을 것이며 은하계도, 수많은 별도, 혹성도, 인간도 없었을 것이다.

저는 자연 다큐멘터리를 즐겨 보는데 거기서도 불가사의한 일들을 종종 봅니다. 하나님을 배제하면 설명하기가 어려운 일들 말입니다. 한 예로 매년 가을마다 도요새의 일종인 미국의 어린 황금 물떼새들이 알래스카로부터 하와이까지 어미 새의 인도도 받지 않은 채 한 번도 가본 적이 없는 길을 날아갑니다. 나침판도 없이 무려 4,800km의 거리를 그 어린 새들이 어둠, 구름, 폭풍을 뚫고 날아가며 목적지에 정확히 도착합니다. 누가 어린 새 떼들로 한 번도 가본 적이 없는 거의 5,000km의 길을 정확히 목적지까지 가도록 했을까요?

인간의 몸은 또 어떻습니까? 재생산이 가능한 가장 작은 단위의 세포는 그 안에 124개의 단백질이 포함되어야 하며 그 124개의 단백질 하나하나에는 400개의 아미노산이 포함되어야 합니다. 이게 우연히 이루어질 확률은 $1/10^{14136}$ 밖에 되지 않는다고 합니다. 사람이 어쩌다 벼락 맞을 확률은 60만 분의 일밖에 안 됩니다. 60만은 10을 6번 곱한 것보다 작습니다. 10을 한 스무 번만 곱해도 일반 계산기에 답이 안 나옵니다. 그런데 세포 하나가 우연히 이루어질 확률은 10을 14,136번 곱한 것 분의 일입니다. 수학적으로 0이라는 뜻입니다. 단세포 하나가 그렇다면 인간의 몸은 어떨까요? 우리 인간에게 있는 세포는 대략 60조 개라고 말을 하는데 60조 개의 세포를 지닌 생명체가 오랜 시간에 걸쳐 저절로 우연히 만들어졌다는 이 이론을 받아들이는 것이 합리적일까요? 아니면 고도로 지성적이고 유능한 존재, 즉 창조주라는 신적 존재가 목적을 갖고 그런 인간을 만들었다고 보는 것이 합리적일까요? 다른 방식으로 질문해보겠습니다. 초대형 인쇄소가 폭발하여 그 인쇄소에 있던 활자들이 우연히 결합하여 대영 백과사전 24권이 만들어졌다고 믿는 것이 합리적일까요? 아니면 지적이고 유능한 누군가가 의도를 갖고 그것을 만들었다고 믿는 것이 합리적일까요?

우리가 보는 질서 정연한 우주와 그 안에 있는 아름답고 다양한 생명체들의 기원에 대한 가장 합리적인 설명은 전지전능하신 창조주 하나님께서 모든 것에 대한 목적을 갖고 그것들을 만드셨다고 하는 것입니다. 그것이 무신론적 진화론을 비롯한 다른 모든 설명보다 훨씬 더 합리적이며 믿기가 쉽다고 생각합니다. 여하튼 자연의 질서와 법칙과 아름다움은 하나님의 존재를 가리키는 강력한 단서임에 틀림이 없습니다. 그래서 기독교의 가장 위대한 사도인 바울은 로마서 1장 19-20절에서 이렇게 말하지 않았을까요?

하나님을 알만한 일이 사람에게 환히 드러나 있습니다. 하나님께서 그것을 환히 드러내 주셨습니다. 이 세상 창조 때로부터 하나님의 보이지 않는 속성, 곧 그분의 영원하신 능력과 신성은 사람이 그 지으신 만물을 보고서 깨닫게 되어 있습니다.

이 외에도 하나님의 존재에 대한 다양한 단서들이 있습니다. 이를테면 영국의 영문학 교수이자 베스트셀러 작가인 C. S. 루이스C. S. Lewis가 『순전한 기독교』라는 책에서 다룬 도덕법 논증, 즉 인간사회에 존재하는 우주적이고 보편적인 도덕법은 인간을 뛰어넘는 도덕법 수여자the Moral Law Giver를 요구한다는 논증을 비롯하여 사람들로 하여금 우리의 세상이 무언가 의미를 지니고 있음을 느끼게 만드는 아름다움의 단서, 세상 역사에서 드러난 기독교의 긍정적 영향력, 앤서니 플루Anthony Flew 같은 대표적 무신론자의 전격적인 유신론적 회심과 같은 것들이 그 예입니다. 그런 것들을 포함한 여러 단서를 들 수 있겠지만 하나님의 존재를 믿는 것이 맹목적이지도 불합리하지도 않다는 것을 보여주기에는 이 정도로도 충분하다고 생각합니다.

하나님의 존재를 인정하지 않겠습니까? 사실 하나님을 믿는 것은 손해날 것이 없는 선택입니다. 파스칼은 자신의 《내기 논증》에서 내기를 제안하며 우리가 하나님이 존재한다는 것에 걸 수도 있고 그 반대에 걸 수도 있다고 했습니다. 어디에 거는 것이 더 현명한 선택일까요? 파스칼은 결정하기 전에 다음의 사실을 고려하라고 충고합니다. 만일 하나님이 존재하지 않는다고 하더라도 하나님을 믿기로 해서 잃을 것은 없습니다. 그러나 만일 하나님이 존재한다면 하나님을 믿지 않는데 걺으로써 당신은 모든 것을 잃게 됩니다.

하나님을 믿으면 좋겠습니다. 하나님도 당신이 그렇게 하기를 원하십니다. 그래서 이런저런 단서를 남기신 것입니다. 물론 하나님의 존재를 우리의 제한된 머리나 지식만으로 다 이해하고 증명할 수는 없습니다. 하나님은 실험실의 청개구리가 아닙니다. 그분은 온 우주도 감히 담을 수 없을 만큼 크신 분입니다. 하물며 한갓 인간의 작은 머리 안에 그분이 쏙 들어오겠습니까? 하여 프랑스의 물리학자이며 철학자였던 데카르트는 "유한자는 무한자를 담을 수 없고 무한자는 유한자 안에 들어갈 수 없다"라고 한 것입니다. 가수 박진영 씨는 "하프타임"이라는 노래에서 이를 좀 더 쉬운 말로 묘사합니다.

> 기나긴 역사의 한 점도 안 되는 내가
> 이 넓은 우주의 한 먼지도 안 되는 내가
> 이 모든 걸 만든 사람에게 찾아가 물어보지도 않고
> 내 조그만 뇌로 선과 악, 정의와 불의를 단정하고
> 큰 소리로 떠든다는 게 얼마나 교만한 일인지
> 내 자신을 믿고 살다가 얼마나 초라해지는지
> 지금이라도 알아서 정말 다행이야.

그렇습니다. 한 줌도 안 되는 인간의 머리로 무한한 하나님을 판단하려고 하기보다 주어진 단서를 가지고 겸손히 하나님의 존재를 믿는 것이 우리가 할 수 있는 더 현명한 선택입니다. 자신의 작음과 유한함을 인정하고 온 천지 만물을 만드신 무한하신 하나님과 그분이 다스리시는 영의 세계, 그리고 우리의 지식으로는 이해할 수 없는 영역까지도 겸손히 받아들이는 것이 지혜입니다. 그렇게 하지 않겠습니까? 그렇게 할 때 히브리서의 기자가 말한 것처럼 하나님은 당신을 기뻐하시면서 당신에게 과분한 보상을 하실 것입니다. 그렇게 할 때 당신은 하나님께서 당신을 위해 예비하신 완전한 복음, 곧 세상에서 가장 아름다운 소식을 만나게 될 것입니다. 당신을 "인생 내기"의 진정한 승자로 만들 그 소식 말입니다.

아, 주 하나님, 보십시오. 크신 권능과 펴신 팔로
하늘과 땅을 지으신 분이 바로 주님이시니,
주님께서는 무슨 일이든지 못하시는 일이 없으십니다.
Ah, Sovereign Lord, you have made the heavens
and the earth by your great power and outstretched arm.
Nothing is too hard for you

가장 아름다운 소식, 복음

02_

자신의 상태

Human Condition

제가 청년 때 다녔던 교회의 담임목사님은 말씀을 구수하게 하시고 유머도 종종 하시는 분이셨습니다. 언젠가 그분은 성도들에게 "사람이 무슨 맛으로 사는지 아세요?"라고 질문하셨던 적이 있습니다. 사람들이 대답을 잘 찾지 못하자 "무슨 맛은 무슨 맛, 자기 잘난 맛으로 사는 거지"라고 스스로 답변하셨습니다.

그렇습니다. 사람들은 자기 잘난 맛으로 삽니다. 특별히 지금처럼 자기 자신을 실제보다 크게, 그리고 좋게 생각하는 문화 속에서는 더욱더 그러합니다. 어느 책에 보았더니 오늘날 거의 대부분의 운전자는 자신을 평균 이상의 운전자로 생각한다고 합니다. 대학교수 가운데 오직 2%만이 자신을 평균 이하라 밝히고 63%는 자신이 평균 이상이라고 생각하며 25%는 자신을 특출하게 여긴다고 합니다. 평균의 범주에 가장 많은 사람이 포함되어야 정상이건만 평균은 10%밖에 되지 않고 88%가 자신을 평균 이상이라고 생각하는 것입니다.

자신의 상태

자기를 좋게 생각해도 너무 좋게 생각합니다. 앞 장에서 언급한 것처럼 데이빗 브룩스는 요즘 우리의 문화를 "큰 나"Big Me의 문화라고 불렀지만 "좋은 나"Good Me의 문화라고 해도 괜찮을 것 같습니다.

이런 문화 가운데서 기독교 복음은 우리 자신에 대해 불편한 진실을 말해줍니다. 그것은 우리가 그렇게 좋은 사람이 아니며 사실은 아주 좋지 않은 상황에 처해 있음을 지적합니다. 온갖 종류의 죄로 도배가 된 신문의 사회면을 보거나 누구의 가르침도 없이 거짓말을 슬슬 해대는 어린아이들을 보면 잘 알 수 있듯이 우리 안에는 죄의 유전인자가 있고 그것이 우리를 망하게 한다는 엄혹한 현실을 복음이 꿰뚫어 보고 있는 것입니다. 비록 우리는 그런 현실을 마주하기가 불편해 눈을 돌려버리지만 말입니다.

제가 알았던 한 사람이 생각납니다. 그는 해병대 출신으로 건강에 엄청난 자신감을 가지고 있었습니다. 곁에서 봐도 정말 건강하게 보였습니다. 그런데 어느 날 병원에서 검진을 받다가 말기 암이라는 진단을 받게 됩니다. 그는 그것을 받아들일 수가 없었습니다. 그러나 그것은 진실이었습니다. 불편한 진실이었지만 여하튼 진실이었습니다. 기독교 복음은 우리의 영혼이 건강하지 않으며 문제가 있다고 말합니다. 우리가 영적으로 위험한 상황에 처해있음을 알려줍니다. 이는 분명 오늘날의 많은 사람이 받아들이기에 불편한 진실입니다.

구체적으로 기독교 복음은 우리가 죄인임을 전제합니다. 사실 우리가 우리의 마음을 깊이 들여다보거나 꼼꼼하게 모니터한다면, 그리고 자신의 삶과 양심의 소리에 예민하다면 우리는 자신에게 영적 도덕적 결함이 있다는 사실을 부인할 수 없을 것입니다. 그러나 그럼에도 불구하고 자신을 향해 죄인이라고 말하는 복음의 직설적 지적은 불편하게만 느껴질 것입니다. 죄인이라는 말을 누가 좋아할까요? 그러나 복음은 그런 전제 가운데서 출발합니다. 특별히 복음은 모든 사람에게 양심을 주시고 시대와 국가와 문화를 넘어선 보편적 도덕법을 인류에게 주신 창조주 하나님의 기준에 우리가 미치지 못함을 함의합니다. 그런 면에서 우리 인간은 그 누구도 예외 없이 하나님 앞에 죄인이며 그 죄로 인해서 거룩하신 하나님의 심판에 직면해 있다는 것입니다.

물론 이것은 제가 그냥 임의로 말하는 것이 아닙니다. 그 안에 담긴 수많은 예언이 실현되고 다양한 역사적 자료가 고고학적으로 발굴되었으며 만년 베스트셀러일 뿐 아니라 수천 년 동안 헤아릴 수 없는 사람들의 삶을 긍정적으로 변화시킨, 그래서 지금도 전 세계 인구의 적게는 1/4에서 많게는 1/3에 달하는 사람들이 하나님의 말씀으로 믿고 있는 성경이 이를 분명히 증언합니다. 로마서 3장 23절에 기록된 말씀의 증언이 그 좋은 예가 되겠습니다. "모든 사람이 죄를 범하였습니다. 그래서 사람은 하나님의 영광에 못 미치는 처지에 놓여 있습니다." 모두를 포괄하는 엄중한 선언입니다. 시대와 문화와 사회적 배경과 성별을 초월한 모든 사람이 그 대상입니다. 소위 좋은 사람이든 나쁜 사람이든, 종교적인 사람이든 그렇지 않은 사람이든 배운 사람이든 일자무식자이든 모든 사람이 죄를 범하여서 하나님의 영광스러운 기준에 미치지 못한다고 말씀합니다. 그래서 인간은 거룩하신 하나님의 정죄 가운데 있습니다.

혹자는 어떻게 사랑의 하나님이 사람을 정죄하고 심판할 수 있느냐고 묻습니다. 그 대답은 하나님의 또 다른 속성인 공의로운 성품에서 찾을 수 있습니다. 하나님은 그 정의定義상 가장 거룩하시고 의로우신 분이십니다. 우리는 정의로운 국가와 지도자에 대해, 그 국가와 지도자가 정의로우면 정의로울수록 신분 여하를 막론하고 범죄에 대해 응분의 처벌을 가하길 기대합니다. 그렇다면 하나님의 완벽한 정의야말로 죄에 대한 가장 엄격한 심판을 요구해야 하지 않을까요? 그런 이유로 하나님은 죄를 그냥 넘기지 못하십니다. 만약 죄를 가볍게 여기고 대충 넘겨버린다면 그런 존재는 하나님이라 불릴 수 없을 것입니다.

그렇다면 그와 같은 하나님의 기준을 어긴 대가가 무엇일까요? 로마서 6장 23절은 그 죄의 대가가 죽음임을 분명히 선언하고 있습니다. 영성 작가 유진 피터슨Eugene Peterson은 이를 자신의 『메시지』 성경에서 "죄를 위해 평생 애써 일한 것에 대해 우리가 받게 될 연금은 죽음이 전부입니다"라고 창의적으로 표현하기도 했습니다. 여기서 죽음이란 단순히 육체적 죽음만이 아니라 하나님에 대해 아무 감각 없이 죽어 있는 영적 죽음, 그리고 영원히 하나님으로부터 분리되는 영원한 죽음까지 포함하는 개념입니다.

인간이 죄인이며 하나님과 분리되어 있기 때문에 모든 사람의 마음속에 죄책감이 있고 까닭 모를 불안감이 있는 것입니다. 그렇기 때문에 부적을 붙이고 다니고 점집이나 작명소를 찾으며 그토록 죽음을 두려워하는 것입니다. 그렇기 때문에 하나님이 우리 모두를 빚어 만드신 창조주이며 우리 존재의 뿌리임에도 불구하고 그분이 두렵거나 불편하거나 또는 낯설게 느껴지는 것입니다. 그렇기 때문에 모든 시대 모든 문화에 신의 진노를 누그러뜨리려는 목적의 제사가 있는 것입니다. 그렇기 때문에 첨단 공학의 상징과도 같은 비행기를 처음 비행하기 전에 최고 수준의 공부를 한 소위 엘리트들이 돼지머리에 돈을 바치며 절을 하는 아이러니를 범하는 것입니다.

물론 자신이 죄인이며 그로 인해 하나님의 심판을 받을 수밖에 없는 상태에 있다는 말은 기분 좋은 말이 아닙니다. 그러나 환자가 병을 인정하고 그 심각성을 인식해야 고침을 받고 회복의 기쁨을 얻게 되듯이 복음이 복음 되기 위해서 우리는 우리 자신에 대한 이 불편한 진실을 직면하고 이를 인정해야 합니다. 저도 과거에 그랬지만 많은 사람이 자신이 죄인이라는 사실을 인정하지 않습니다. "내가 왜 죄인이냐? 나는 법에 걸린 적도 없고 감옥에 간 적도 없다"라고 말합니다. 특별히 남들보다 좀 도덕적이거나 종교적인 사람들, 또는 지체가 높은 사람들 가운데선 노골적으로 죄인이라는 말에 불쾌감을 표시하는 사람들이 적지 않습니다. 그러나 세상의 법을 어기지 않았다고 해서 -물론 이것도 드문 경우이지만- 죄인이 아닌 것은 아닙니다. 세상의 법을 어기지 않았을지 모르지만 우리 모두는 내 안의 양심을 거스르기도 하고 조물주가 부여한 보편적인 도덕법을 어기기도 하는 법범자입니다. 사실은 자기가 정한 규칙도 다 지키지 못하는 것이 우리 인간입니다. 이는 세상에서 성자로 추앙받는 사람들도 예외가 아닙니다. 마더 테레사이든 간디이든 빌리 그레이엄 목사이든 차이가 없습니다.

무엇보다 우리는 거룩하신 하나님의 기준에 미치지 못하는 죄인들입니다. 우리는 종종 자신을 다른 사람들과 비교하며 자신에 대해 만족하곤 합니다. '뭐 이 정도면 평균 이상이지. 나 정도로 양심적인 사람 있으면 나와 보라 그래!'라고 하면서 자신을 정당화합니다. 때로는 거짓말을 하고 때로는 누군가를 미워하며 때로는 음란한 생각을 하면서도 자기는 비교적 괜찮다고 생각합니다. 그러나 당신이 하나님 앞에 서서도 같은 말을 할 수 있을까요?

손님맞이를 위해 아침부터 열심히 집안 청소를 했던 기억을 가진 분들이 있을 것입니다. 진공청소기를 돌리고 유리창과 테이블을 깨끗이 닦으며 작은 티조차도 남지 않도록 집안을 깨끗이 치웁니다. 마침내 기다리던 손님이 오고 거실 소파에 앉아 대화를 나누는데 이제 중천에 뜬 밝은 햇살이 거실 창문을 뚫고 쏟아져 들어옵니다. 그 순간 주인은 놀라고 당황합니다. 왜냐하면 그전까지 정말 깨끗하게 보였던 공간에 수많은 먼지가 마구 떠다니는 것을 보기 때문입니다. 우리가 하나님 앞에 섰을 때도 그렇지 않을까요? 우리는 상상할 수 없이 밝은 하나님의 빛 앞에서 헤아릴 수 없는 자신의 도덕적 먼지들을 보고 당황하게 될 것입니다.

예수님은 팔레스타인 땅에 오셔서 당시 스스로 의롭다고 생각했던 바리새인들에게 "나는 의인을 부르러 온 것이 아니라 죄인을 부르러 왔다"라고 말씀하셨습니다(마 9:13). 하나님 앞에 의인이 어디 있겠습니까? 그럼에도 예수님이 그렇게 말쏨하셨던 것은 그들이 자기들의 "먼지"를 보지 못하고 스스로 깨끗하다고 생각했기 때문이었습니다. 그분은 또한 "건강한 사람에게는 의사가 필요하지 않으나, 병든 사람에게는 필요하다"는 말씀도 하셨습니다(마 9:12). 그렇습니다. 건강하다고 생각하는 사람들에게 의사가 필요하지 않듯이 스스로 의롭다고 생각하는 사람들은 예수님을 필요로 하지 않을 것입니다. 자신에게 죄성이라는 치명적 DNA가 있고 그래서 자꾸만 죄를 짓게 되며 그 죄로 인해 절망적이고 위험한 상황 가운데 있음을 인식하는 자만이 구원을 바라며 구원자 예수님을 필요로 할 것입니다.

자신에 대한 불편한 진실을 직면하고 인정하지 않겠습니까? 그렇게 하지 않으면 복음을 경험할 수 없습니다. 사실은 그렇게 하지 않을 때 복음은 전혀 복음이 되지 못할 것입니다. 그래서 복음 전도자 래리 모이어Larry Moyer는 기쁜 소식good news을 듣기 전에 나쁜 소식bad news을 반드시 들어야 한다고 말한 것입니다. 종교적이건 아니건, 도덕적이건 아니건, 모태부터 교회를 따라 나왔건 아니건, 목회자의 자녀이건 아니건, 직분자이건 아니건, 그런 것들과는 아무 상관이 없습니다. 우리 모두는 죄인입니다. 다른 어떤 사람보다 좀 나을 수 있겠지만 하나님 보시기엔 거기에서 거기입니다. 우리가 비행기를 타고 높은 하늘에 올라가서 지구를 보면 높은 산이나 낮은 골짜기의 차이가 무의미한 것과 같습니다. 우리는 우리의 상황, 배경, 도덕성, 종교 등과 상관없이 다 하나님 앞에서 죄인입니다. 죄를 지어서 죄인일 뿐 아니라 내 생명의 주권자이신 하나님을 주인으로 인정하지 않아서도 죄인입니다. 아들을 주신 그분의 사랑을 믿지 않거나 하찮게 생각해서도 죄인입니다. 그 불편한 진실을 거부하거나 회피하거나 겸손히 인정하지 않는 분들은 예수님을 필요로 하지 않을 것이고 따라서 너무나 안타깝게도 구원의 은혜를 경험할 수 없을 것입니다.

자신을 정직하게 돌아보십시오. 죄가 없다고 말할 수 있을까요? 마음으로 누군가를 미워하거나 양심에 거리끼는 일을 한 번도 한 적이 없습니까? 거짓말을 하거나 매력적인 이성을 보고 음욕을 품은 적이 한 번도 없는가요? 나를 지으시고 외아들을 아낌없이 내어줄 정도로 나를 사랑하신 하나님을 하나님으로 인정하고 살았습니까? 솔직히 내 강아지에게 주는 정도의 관심이라도 주었습니까? 당신이 하나님이라면 자신이 만든 존재에게 그 같은 무시를 당했을 때 어떤 느낌이 들까요? 한번 생각해 보십시오. 정말 당신의 삶에 대해 윤동주 시인의 시구처럼 하늘을 우러러 한 점 부끄럼이 없다고 말할 수 있을까요? 당신이 나와 같다면 그렇다고 할 수 없을 것입니다. 만약 지금까지 한 번도 자신의 상태를 직면하는 가운데 인정한 적이 없다면 자신이 하나님 앞에 죄인이며 그분의 정죄 가운데 있다는 이 불편한 진실을 인정하십시오. 그 상황의 심각성을 인식하기 바랍니다. 그리고 죄에서 돌이켜 예수님의 도움을 요청하십시오. 그럴 때야만 복음이 진정 당신에게 복음으로 다가갈 것입니다. 참으로 기쁘고 아름다운 소식이 될 것입니다.

03_

전적타락
Total Depravity

인간은 참 대단한 존재입니다. 저는 뉴욕 맨해튼에 몇 번 들른 적이 있는데 그곳의 웅장한 건축물들과 아름다운 도시의 디자인을 보고 감탄을 금치 못했습니다. 인간이 이 모든 것을 했다는 사실이 믿어지지 않을 정도였습니다. 어디를 가든 인간이 만들어 놓은 문명은 인간의 능력을 전시하는 트로피처럼 서 있습니다. 특별히 최근의 첨단 과학과 기술의 발달로 인해 인간은 우주를 옆 나라처럼 돌아다니고 불치병을 치료하며 심지어 복제 인간까지 만들겠다고 기염을 토합니다.

그런 것들을 보면 인간의 능력은 한이 없어 보입니다. 우리는 이런 인간의 능력을 보면서 인간이 무엇이든 할 수 있다는 착각에 빠집니다. 인기 있는 자기계발 강사나 관련 책들은 이런 생각을 부추겨 "할 수 있다"의 복음을 전합니다. "긍정의 힘"이나 "적극적인 사고방식"으로 불가능의 벽을 넘으라고 도전합니다.

물론 그런 메시지가 도움이 되는 경우도 있을 것입니다.

그러나 거기에는 분명 제한이 있습니다. 인간은 전능하지 않습니다. 전능은커녕 할 수 없는 것이 아주 많습니다. 가수 박진영 씨가 《힐링캠프》라는 TV 예능 프로그램에 나와 밝힌 것처럼 인간은 제 운명은커녕 자기 몸의 장기조차도 컨트롤하지 못합니다. 내 심장을 내 맘대로 뛰게 하거나 내 키를 내 뜻대로 조정하지 못합니다. 물론 자신의 수명 또한 한시라도 연장할 수 없습니다.

그리고 무엇보다도 인간은 스스로를 구원할 수 없습니다. 말기 암 환자가 외부의 어떤 도움도 없이 스스로를 낫게 할 수 없듯이 인간은 자신의 죄로 인해 죽어버린 영혼을 스스로 살릴 수 없다는 말입니다. 그 어떤 인간도 죄가 초래한 곤경, 즉 죄의 형벌과 죄의 세력으로부터 자신을 구해낼 수 없습니다. 덴마크의 실존주의 철학자 쇠렌 키에르케고르가 쓴 책의 제목을 빌려 표현하자면 죄라는 "죽음에 이르는 병"에서 스스로를 고칠 수 있는 사람은 아무도 없습니다. 기독교 복음은 하늘에서 온 구원자의 존재와 필요성을 밝힘으로써 이 사실을 분명히 합니다. 우리에게는 외부의 도움이 필요합니다. 아무리 대단한 사람이라도 자기 힘이나 의義로 스스로를 구원할 수 있는 사람은 없습니다. 구원에 관한 한 인간은 철저히 무력합니다. 이것은 많은 사람들에게, 특별히 마음만 먹으면 무엇이든 할 수 있다고 생각하는 사람들에게 참 불편한 진실이 될 것이라 생각합니다.

성경은 우리 인간이 철저히 타락했다고 말합니다. 신학적으로는 이를 "전적 타락"total depravity의 교리라고 일컫지요. 그러면 우리는 어떻게 타락했을까요? 인류의 조상이며 대표였던 아담의 범죄로 그 후예인 우리 모두가 영향을 받았습니다. 그래서 모든 인류는 타락한 상태로 이 땅에 태어납니다. 이것은 마치 일본 천황이 일본인들의 대표로 항복문서에 서명했을 때 전체 일본인들에게 그 영향이 미친 것과도 같습니다. 일본 천황 한 사람이 서명했지만 그 한 사람뿐 아니라 모든 일본인이 항복한 것입니다. 성경은 또한 아담이 범죄 했을 때 앞으로 태어날 모든 인간은 아담의 "허리"에 있었고 따라서 그와 함께 범죄한 것이라고 설명합니다. 그리고 그로 인해 우리 안에는 죄성의 유전인자가 새겨져 있습니다. 바울은 이를 로마서 5장 12절에서 "한 사람으로 말미암아 죄가 세상에 들어왔다"라고 묘사합니다. 물론 그 한 사람은 바로 아담입니다. 그래서 우리 아이들이 누가 가르쳐주지 않아도 거짓말을 능숙하게 하고 자기만 위하는 이기주의를 손쉽게 실천하는 것입니다. 그래서 죄를 짓는 것은 너무 쉽고 자연스럽지만 옳은 일을 하는 것은 그처럼 힘이 드는 것입니다.

그런데 나쁜 소식은 그게 다가 아닙니다. 인간의 타락은 우리 안에 죄성의 유전인자를 심었을 뿐 아니라 우리를 영적으로 죽게 만들었습니다. 바울은 로마서 5장 17절에서 "아담 한 사람의 범죄 때문에 그 한 사람으로 말미암아 죽음이 왕 노릇 하게 되었다"라고 선언합니다. 여기서의 죽음은 육체적인 죽음만 의미하는 것이 아니라 영적 죽음까지도 포함합니다. 그 말은 우리가 하나님에 대해 죽었다는 뜻입니다. 더 풀어서 설명한다면 하나님으로부터 분리되었고 하나님에 대해 반응하지 않게 된 것입니다. 이것이 타락의 끔찍한 양상입니다. 아담의 뒤를 이어 타락한 우리는 죄성의 유전인자를 가지고 있을 뿐 아니라 하나님에 대해 죽어 있는 것입니다. 그래서 예배가 그처럼 지루하고 성경만 읽으면 잠이 오는 것입니다. 그래서 하나님과 교감하지 못하고 참 하나님과 아무 상관없이 생활하는 것입니다.

오해하지 마십시오. 인간이 전적으로 타락했다는 것은 그 어떤 선한 일도 하지 못한다는 뜻이 아닙니다. 우리가 괴물처럼 되었다는 뜻도 아닙니다. 괴물 같은 사람이 간혹 있지만 모두가 그렇지는 않습니다. 그것은 또한 우리에게 있는 하나님의 형상이 완전히 소멸되었다는 뜻도 아닙니다. 비록 죄로 인해 망가졌지만 우리에겐 여전히 하나님의 형상이 남아 있습니다. 야고보 사도는 타락 이후의 사람들을 향하여 여전히 "하나님의 형상대로 지음을 받은 사람"이라고 묘사합니다(약 3:9). 그래서 우리는 타락했음에도 불구하고 때로 선한 일을 하기도 하고 도덕적인 의지도 가지며 신神에 대해 생각해보기도 하는 것입니다.

그러면 전적 타락의 의미는 무엇일까요? 그것은 우리 존재의 그 어떤 부분도 죄에 오염되지 않은 부분이 없다는 뜻입니다. 우리의 지성과 감성과 의지 모두가 죄에 오염된 것입니다. 그래서 엄청나게 똑똑한 사람들이 그 머리로 악을 도모하고 비非 진리를 옹호합니다. 이는 감성의 영역에서도 마찬가지입니다. 요즘 사람들은 감성을 매우 중요하게 여길 뿐 아니라 자신의 감성에 솔직하며 느낌이 이끄는 대로 따라가는 것을 상당한 미덕으로 여기지만 우리의 감성도 죄로 인해 오염되고 왜곡되었음을 우리는 반드시 인식해야 합니다. 의지 또한 죄에 물들었고 불구가 되었음은 두말할 필요가 없습니다.

전적 타락은 또한 우리가 하나님의 기준에 합당한 선善을 행하지 못한다는 뜻입니다. 사람이 볼 때는 그럴듯할지 모르지만, 완전하실 뿐 아니라 절대적으로 거룩하신 하나님이 보실 때 인정받을만한 선은 행할 수 없다는 말입니다. 이를테면 깡패가 동료 깡패의 보기에 괜찮은 수준의 도덕적 행위를 할 수 있겠지만 그것이 법관의 높은 기준에 미치지 못하는 것과 마찬가지입니다.

그리고 무엇보다도 전적 타락은 우리가 하나님에 대해 죽었고 따라서 우리 스스로를 구원할 수 없다는 뜻입니다. 많은 사람이 스스로를 구원하기 위해 노력합니다. 도덕적인 삶을 살고 종교에 귀의하며 수양이나 수행을 합니다. 그러나 성경은 그런 노력이 우리의 구원에 전혀 무익하다고 말합니다. 바울은 갈라디아서 5장 16절에서 율법을 행하는 행위로는 아무도 의롭게 될 수 없다고 잘라 말합니다. 이사야 선지

자는 우리의 의義조차도 하나님 보시기에 더러운 걸레 같다고 말합니다. 우리의 의나 선한 행위로는 안 된다는 말입니다. 도덕이나 종교는 좋은 것 같지만 우리를 구원할 수 없습니다. 그것들은 죽은 영혼을 살릴 힘이 없습니다. 우리에게 필요한 것은 단순한 도덕적 개선이 아니라 영적 중생, 즉 재탄생입니다. 인류 최고의 현자 솔로몬은 그래서 "어떤 길은 사람의 보기에 바르나 필경은 사망의 길"이라고 말한 것입니다(잠 16:25).

혹시 구원을 얻어내려고 애쓰고 있습니까? 그 노력을 그치십시오. 당신의 어떤 노력도, 어떤 행위도 당신을 구원할 수 없습니다. 마틴 루터는 종교개혁을 일으키기 전에 로마 가톨릭에 속한 경건한 수도사였습니다. 그는 하나님을 믿었고 매우 종교적인 사람이었습니다. 구원을 이루기 위해 로마의 라테란 성당을 찾아가 그곳에 있는 "거룩한 계단"Scala Sancta이라고 불리는 28계단으로 된 "빌라도의 계단"을 손과 무릎으로 오르기도 했습니다. 과거 빌라도 앞에서 재판을 받기 위해 그리스도가 올라섰던 계단이라고 전해지는 그 계단을 주기도문을 외우면서 한 계단 한 계단 올라가면 공로가 쌓인

전적 타락

다고 중세 교회가 가르치고 있었기 때문이었습니다. 수도원에서 그는 남루한 옷을 입고 소량의 음식을 먹으며 몸을 해칠 정도로 금식했습니다. 그 누구도 그의 수행에 필적할 수 없었습니다. 동료들은 그가 죽을까 봐 걱정할 정도였습니다. 그러나 그것이 그를 구원했을까요? 아닙니다. 그는 더욱 절망의 심연으로 빠졌고 하나님을 증오하게 되었습니다.

또 다른 수행자인 성철 스님은 어땠습니까? 한국 선불교의 대표적인 수행승으로 유명한 그는 죽기 전 다음과 같은 유언을 남겼다고 합니다.

일생 동안 미친 남녀의 무리를 속여서
수미산을 덮은 죄업이 하늘을 가득 채웠다.
산채로 아비지옥에 떨어져서
한이 만 갈래나 된다.

우리는 스스로를 구원할 수 없습니다. 죽은 사람이 자신을 다시 살릴 수 없듯이, 암 환자가 스스로 자신의 암을 도려낼 수 없듯이 우리는 죄성의 DNA를 스스로 도려낼 수 없고 죽은 영혼을 다시 살릴 수 없습니다. 아무리 교회를 다니고 직분을 받고 도덕적으로 살고 기도를 열심히 해도 그것이 당신을 구원할 수 없음을 깨닫기 바랍니다. 우리에겐 구원자가 필요합니다. 우리의 죽은 영혼을 살리며 타락한 심성을 고치는 초자연적인 능력자가 필요합니다. 물에 빠져들어 가는 사람에게 구조대원의 손길이 필요하듯이, 암에 걸린 환자에게 의사의 도움이 필요하듯이 그렇게 절실히 구원자가 필요합니다.

성경은 그분이 바로 예수 그리스도라고 말씀합니다. 그분은 우리를 구원하시기 위해 이 땅에 오셔서 십자가의 죽음을 통해 자신을 제물로 하나님께 바치신 하나님의 "어린 양"입니다. 우리 죄를 용서할 수 있는 권위를 지니신 완전한 하나님이시며 동시에 우리 모든 인간을 대표할 수 있는 완전한 사람이십니다. 그분만이 "죄와 허물 가운데" 죽은 우리를 살릴 수 있습니다. 그분만이 죄로 물든 우리의 마음을 새롭게 할 수 있습니다. 그분만이 우리를 하나님께로 이끌 수 있습니다. 예수님의 이름을 부르십시오. 그분의 구원을 요청하십시오. 그것이 타락의 늪에 빠진 우리에게 남은 유일한 희망입니다.

04_

십자가
The Cross of Christ

오늘날 사람들에게 기독교의 상징물이 무엇이냐고 물으면 거의 대부분 십자가라고 대답할 것입니다. 기독교에 대해 잘 몰라도 길가에 있는 수많은 교회에서 십자가를 보기 때문에 자연스레 십자가가 기독교의 상징물임을 알 수 있기 때문입니다. 실제로 높은 곳에서 서울의 야경을 보면 붉은색으로 반짝이는 많은 십자가를 볼 수 있습니다. 어떤 연인들은 그런 십자가를 바라보며 로맨틱한 기도를 드리거나 사랑의 맹세를 하기도 합니다.

사실 기독교회는 굳이 십자가를 상징물로 선택하지 않을 수 있었습니다. 영국의 신학자인 존 스토트John Stott가 말한 것처럼 교회는 성육신의 상징으로 아기 예수가 누우셨던 구유를 택할 수도 있었고 겸손한 섬김의 상징으로 예수께서 제자들의 발을 씻기셨던 수건을 택할 수도 있었으며 성령의 상징인 비둘기나 불을 택할 수도 있었습니다. 그러나 교회는 그 모든 것을 제쳐두고 십자가를 그 상징으로 선택했었지요.

그처럼 십자가가 기독교의 상징물이 된 것은 그 창시자인 예수 그리스도와 결코 무관하지 않습니다. 신약성서뿐 아니라 타키투스, 요세푸스 등 예수님의 동시대 역사가들도 일제히 증언하듯이 예수 그리스도의 죽음이 바로 십자가에서 이루어졌기 때문입니다. 교회는 2,000년 전 처음 출발할 때부터 일관되게 예수께서 죄에 빠져 멸망해가는 인류의 구원을 위해 우리 모두를 대신하여 십자가에 매달려 피를 흘리며 돌아가셨다고 주장해왔습니다. 이런 이유로 우리는 기독교의 복음을 "십자가의 복음"이라는 이름으로 부르기도 하는 것입니다.

오늘날 많은 사람에게 십자가는 그냥 아름다운 장신구나 장식물이지만 예수님 당시 그것은 가장 끔찍하고 잔인한 사형 틀이었습니다. 그것은 흉악한 범죄자와 가장 위협적인 역적들만을 매달았던 고통스럽고 굴욕적인 사형 도구였습니다. 그것은 처음에 노예들을 처형하는 도구였는데 1세기부터는 로마제국에 대항하는 자들에 대한 처형 방법으로 바뀌게 됩니다. 로마 시민은 십자가형을 받지 않았고 점잖은 사람들은 이 단어를 입에 올리기도 싫어했습니다. 다음에 인용된 로마의 철학자 키케로의 말은 당시 로마인들의 십자가에 대한 혐오감을 잘 반영합니다.

십자가라는 단어 자체가 로마 시민에게서, 그의 생각이나 눈, 귀에서조차 아주 제거되어야 한다. 왜냐하면 단지 십자가형의 실제적인 집행뿐만 아니라 그것의 언급마저도 로마 시민과 자유인에게는 합당치 않은 것이기 때문이다.

그런데 하나님의 아들이신 예수님께서 이와 같은 십자가 처형을 당하셨습니다. 예수님께서 받으신 십자가 처형이 얼마나 폭력적인가는 배우 및 감독인 멜 깁슨이 메가폰을 잡은 《패션 오브 크라이스트》라는 영화를 통해서도 확인할 수 있습니다. 그리스도에 대한 다른 영화와는 달리 이 영화는 예수님의 수난에 집중하면서 그분에 대한 잔인한 취조와 고문 장면을 리얼하게 담았고 십자가 처형 당시의 상황을 놀랍도록 생생하게 묘사했다는 평가를 받았습니다. 저도 이 영화를 보았는데 보고 있기가 매우 고통스러울 정도였습니다. 이 영화가 종교영화이지만 15세 이상 관람가 판정을 받은 이유를 알 것 같았습니다. 그런데 학자들에 의하면 예수님께서 실제로 당하신 것이 이 영화보다 더 심했다고 하니 그것은 얼마나 폭력적이고 끔찍한 죽음이었을까요?

예수님께서 이러한 십자가의 처형을 당한 것은 어떤 사람들에게 불편한 감정을 야기합니다. '아니 인간을 구원하시려면 하나님의 품격에 어울리도록 좀 수준 있게 하시지 꼭 저렇게 피를 봐야 하나? 너무 야만적이지 않아?'라고 그들은 말을 합니다. 십자가를 통한 구원이라는 게 너무 저차원적이고 무식하게 느껴지는 것입니다. 그런가 하면 바울 사도 당시의 유대인들처럼 표적을 구하는 사람에게는 그리스도의 십자가가 거리낌이고 그리스 사람들처럼 지혜를 찾는 자들에게는 그것이 너무 어리석게 느껴지기도 합니다. 다시 말해 십자가는 복음 속의 불편한 진실입니다. 인류를 구원하기 위해 그리스도는 꼭 그렇게 십자가의 죽음을 죽어야만 했을까요?

이 질문에 대한 단도직입적인 대답은 "예"입니다. 예수님은 반드시 십자가의 죽음을 죽으셔야 했습니다. 『목적이 이끄는 삶』의 저자 릭 워렌Rick Warren이 말한 것처럼 하나님께서 다른 방법을 쓰실 수 있었다면 그렇게 해서 우리를 구원하셨을 것입니다. 그러나 하나님은 당신의 외아들을 십자가에서 죽게 하시는 끔찍한 방법을 쓰셨습니다. 왜일까요?

먼저는 하나님의 성품 때문입니다. 하나님은 사랑이시지만 동시에 공의로우십니다. 하여 그분은 죄를 반드시 벌하셔야 합니다. 그분은 손자가 엉망진창으로 행동하면서 할아버지 수염을 마구 잡아당기는 데도 '허허' 하며 아무 책망도 징계도 내리지 않는 그저 맘씨만 좋은 할아버지가 아니십니다. 그분은 누군가 심하게 잘못하는데 '그럴 수도 있지'라며 눈을 감아버리는 무원칙한 온정주의자가 아니십니다. 그분은 온 우주를 통치하시는 공의로운 주권자이십니다. 죄를 합당하게 벌하지 않는 국가나 지도자는 정의로운 국가나 지도자가 될 수 없음을 우리는 압니다. 하물며 하나님이겠습니까? 이미 언급한 것처럼 하나님의 공의는 죄에 대한 벌을 반드시 요구합니다.

그렇다면 왜 하필 그 벌이 십자가여야 합니까? 그것은 모든 죄가 일차적으로 만물의 주인이시며 가장 높으신 하나님에 대한 불순종과 반역이고 따라서 우리의 모든 죄는, 그것이 우리가 보기에 아무리 사소한 것이라 하더라도, 극형에 해당하기 때문입니다. 같은 죄를 지어도 그 대상이 누구인가에 따라 그 죄의 경중이 달라지지 않습니까? 우리가 가게 주인에게 욕을 하며 그의 뺨을 한 대 치는 것과 미국 대통령에게 그렇게 하는 것은 같은 행위라도 완전히 다른 결과를 야기하지 않을까요? 만약 모든 죄가 온 우주의 최고 주권자이신 하나님에 대한 것이라면 그 벌이 최고형에 해당됨을 짐작하기란 어려운 일이 아닙니다. 성경을 보면 하나님께서도 죄를 범하는 사람은 죽을 것이라고 분명히 말씀하셨습니다(에스겔 18:4 참조). 그래서 우리는 우리의 죄로 인해 죽어야 했습니다. 가장 처참한 극형을 받아야 마땅했습니다. 로마 시대 십자가의 죽음이 바로 그런 것이었습니다. 그래서 하나님의 아들 예수님이 우리를 대신하여 십자가에서 죽으신 것입니다. 우리가 죽어야 할 그 끔찍하고 저주스러운 죽음을 그 존귀하신 분이 우리의 모든 죄를 지시고 우리 대신 죗값을 받으신 것입니다.

또 다른 이유는 예수님이 오신 때와 연관되어 있습니다.

하나님은 창세 전부터 우리를 구원하기 위한 계획을 세우셨습니다. 그러다가 인류 역사의 가장 적절한 때에 예수님을 이 땅에 보내셨습니다(갈 4:4). 그때가 바로 로마가 세계를 지배했던 시대였습니다. 그리고 그 로마제국에서 최악의 흉악범들과 반역자들을 처형하던 사형 방법이 바로 십자가 처형이었던 것입니다. 따라서 그 시대를 사셨던 예수 그리스도가 자연스레 우리를 대신하여 십자가 처형을 받으셨던 것이지요.

참고로 앞에서도 언급했지만 그것이 얼마나 끔찍했던지 로마의 점잖은 사람들은 십자가라는 단어를 입에 올리지조차 않았습니다. 일례로 1세기 로마의 역사가였던 타키투스(A.D. 55~117년)는 자신의 저서 연대기Annals에서 네로 황제가 당시 기독교인들에게 어떤 일을 했는지 말하는 가운데 예수님에 대해 이런 기록을 남깁니다. "크리스챤은 그리스도라는 이름에서 나왔는데, 티베리우스 시대에 우리의 행정관 중 하나인 본디오 빌라도에 의해 극형을 받았다." 보다시피 그는 십자가라는 말을 쓰지 않고 예수 그리스도가 "극형"을 받았다고 표현합니다. 그뿐 아니라 이 벌은 로마 시민이 아닌 아웃사이더들이 받았습니다. 우리는 죄로 인해 낙원을 잃어버린 하나님나라의 아웃사이더들입니다. 예수님은 우리를 위해 친히 아웃사이더가 되셔서 십자가의 형벌을 받으셨던 것입니다.

또 하나의 이유는 피에 대한 성경의 관점과 연관이 있습니다. 구약 성서는 생명이 피에 있음을 강조합니다. 그래서 속죄의 제사에 피 흘림이 요구되었던 것입니다. 모세는 레위기 17장 11절에서 이를 이렇게 설명합니다.

생물의 생명이 바로 그 피 속에 있기 때문이다. 피는 너희 자신의 죄를 속하는 제물로 삼아 제단에 바치라고, 너희에게 준 것이다. 피가 바로 생명을 지니고 있기 때문에, 죄를 속하는 것이다.

그래서 히브리서 기자도 율법에 따르면 거의 모든 것이 피로 깨끗해진다고 말한 후 "피를 흘림이 없이는 죄를 사함이 이루어지지 않습니다"라고 말씀한 것입니다(히 9:22). 예수님은 십자가에서 손과 발에 대못이 박히며 피를 흘리셨고 로마 군병의 창에 찔려 물과 피를 쏟으셨습니다. 그로 인해 우리의 죄 사함이 가능해진 것입니다.

　마지막으로 하나만 더 언급하자면 십자가 처형은 우리 죄의 대속과 연관된 영적 현실을 잘 묘사하는 처형 방법이었습니다. 십자가 처형을 받는 자는 자기가 못 박힐 무거운 십자가를 직접 지고 가야 했습니다. 그것은 우리를 짓누르는 무거운 죄의 짐을 대신 져주신 예수님의 모습을 보여줍니다. 뿐만 아니라 사형수들은 벌거벗겨진 상태, 그러니까 겉옷과 속옷이 강제로 벗겨져 팬티도 입지 않은 상태에서 십자가에 매달려 처형을 당합니다. 그 상태에서 오랫동안 매달려 사람들에게 조롱과 모욕을 당하게 됩니다. 얼마나 수치스러웠을까요? 손과 발에 대못이 박히고 오랜 시간 몸의 처짐으로 인해 횡격막이 눌려 질식을 당하며 머리 위로 내려 쪼이는 뜨거운 햇빛에 정신이 혼미해질 뿐 아니라 타는 듯한 목마름, 그리고 까마귀들이 와서 쪼고 나무에 긁히는 등 극한의 육체적 고통도 고통이지만 벌거벗긴 채 매달려 사람들에게 조롱을 당하는 그 수치야말로 참으로 견디기 힘들었을 것입니다. 이 또한 죄로 인해 우리가 당해야 할 수치를 당하신 그 모습을 너무도 잘 보여줍니다.

무엇보다 십자가형은 죄로 인해 저주받은 상태를 보여줍니다. 모세는 레위기에서 "나무에 달린 사람은 하나님께 저주를 받은 사람"이라며 "죽을 죄를 지어서 처형된 사람의 주검은 나무에 매달아 두어야" 한다고 말씀합니다(신 21:22-23). 예수님은 우리 대신 죄의 저주를 당하시고 십자가라는 나무에 매달리신 것입니다. 바울은 레위기의 그 말씀을 인용하면서 그리스도의 십자가 죽음을 이렇게 설명합니다.

> 그리스도께서 우리를 위하여 저주를 받은 사람이 되심으로써, 우리를 율법의 저주에서 속량해 주셨습니다. 기록된 바 '나무에 달린 자는 모두 저주를 받은 자이다' 하였기 때문입니다(갈라디아서 3:13).

온 우주에서 가장 복되신 분이 우리를 위해 저주받은 자가 되셨습니다. 심지어 그 험하고 거친 나무에 매달려 창세 전부터 뜨겁게 사랑하던 하나님 아버지로부터 버림받는 경험까지 하셨습니다. 그래서 "나의 하나님, 나의 하나님, 어찌하여 나를 버리셨습니까"라고 절규까지 하신 것입니다(마 27:46).

왜 예수님께서 십자가에 달리셔야 했는지 이제 좀 이해가 되셨나요? 그랬기를 바랍니다. 그런데 이 모든 것보다 당신이 알아야 할 것이 있습니다. 그것은 사랑받는 작가 맥스 루케이도 Max Lucado가 말한 것처럼 십자가 "바로 당신을 위한 일"이라는 것입니다. 예수님은 당신을 너무도 사랑하기 때문에 바로 당신을 위해 당신의 죗값을 대신 받기 위해 그 참혹한 십자가를 선택하셨습니다. 이 사실을 깨닫고 믿음으로 그것을 받아들일 때 당신은 감격에 겨워 다음의 찬송을 마음으로 부를 수 있을 것입니다.

만왕의 왕 내 주께서 왜 고초 당했나
이 벌레 같은 날 위해 그 보혈 흘렸네

주 십자가 못 박힘은 속죄함 아닌가
그 긍휼함과 큰 은혜 말할 수 없도다

늘 울어도 그 큰 은혜 다 갚을 수 없어
나 주님께 몸 바쳐서 주의 일 힘쓰리

십자가 십자가 내가 처음 볼 때에

나의 맘에 큰 고통 사라져

오늘 믿고서 내 눈 밝았네

참 내 기쁨 영원하도다

그러나 우리가 아직 죄인이었을 때에, 그리스도께서 우리를 위하여 죽으셨습니다. 이리하여 하나님께서는 우리들에 대한 자기의 사랑을 실증하셨습니다.
But God demonstrates his own love for us in this: While we were still sinners, Christ died for us.

05_

부활
The Resurrection

최근에 임사 체험near-death experience을 했다는 사람들의 증언이 늘고 있습니다. 미국에서는 매년 20만 명 이상이 그런 체험을 했다고 주장합니다. 임사 체험은 심장이 일시적으로 정지한 상태에서 사후 세계의 체험을 한 후 다시 의식을 회복하는 것을 의미합니다. 《위키백과》는 이 체험에 대해 이렇게 설명합니다.

임사 체험에는 몇 개의 패턴이 있다. 빛 체험, 인생 회고, 지각의 확대 등이 빈번히 보고된다. 임사 체험자는 그것을 종교적인 것이라고는 느끼지 않고, 정신적인 것이라고 느끼며 체험 후에는 기성의 특정 종교의 입장을 떠나 보다 보편적인 종교심의 탐구로 향하는 경향이 있다.

저는 사후세계를 믿는 기독교인이지만 이런 체험 이야기에 대해 다소 회의적인 생각이 듭니다. 실제로 이런 일이 있었다기보다 죽음이 임박한 한 사람이 우리가 잘 알 수 없는 어떤 작용으로 인해 환상을 본 건 아닌가 하는 생각이 들기도 하고 악한 영의 장난일지도 모른다는 생각을 할 때도 있습니다.

그런데 그냥 임사가 아니라 누군가가 완전히 죽어서 무덤에까지 들어갔다가 다시 살아났다는 주장을 한다고 합시다. 그런 주장은 결코 믿기 쉬운 말이 아닙니다. 오히려 허무맹랑하게 들립니다. 그것은 우리가 일반적으로 경험하는 것과는 완전히 다른 이야기입니다. 이는 또한 오늘날 많은 사람이 거의 신성시하는 현대 과학과도 배치됩니다.

그런데 기독교의 복음은 예수 그리스도가 십자가에 달려 죽었다가 사흘 만에 부활했다고 주장합니다. 사도 바울은 고린도 교회에 보낸 자신의 편지에서 복음을 "그리스도께서 성경대로 우리 죄를 위하여 죽으셨다는 것과, 무덤에 묻히셨다는 것과, 성경대로 사흘날에 살아나셨다는 것"이라고 묘사합니다(고전 15:3-4). 여기서 "성경대로"라는 말은 구약성경의 예언대로 그랬다는 뜻입니다. 다시 말해, 어느 날 어떤 사람이 갑자기 나타나 세상 사람들의 죄를 위해 죽었다가 다시 살아났다고 주장한 것이 아니라는 말입니다. 오래전부터 유대인들이 하나님의 말씀이라고 믿어왔던 그 성경에 이미 예언이 되어있었다는 이야기입니다. 아무튼 바울의 설명에 따르면 복음은 예수 그리스도께서 우리의 죄를 위해 죽으셨을 뿐 아니라 그 죽음에서 사흘 만에 부활하신 것입니다. 그에 의하면 예수님의 부활은 복음의 주변적인 것이 아니라 십자가의 죽음과 쌍벽을 이루는 아주 핵심적인 요소입니다.

이처럼 부활은 기독교 복음의 핵심이지만 문제는 부활이 믿기 쉬운 교리가 아니라는 데 있습니다. 특별히 첨단시대를 사는 지식인들에겐 더욱 그렇습니다. 그래서 어떤 신학자들 가운데는 예수님의 부활이 육체적인 것이 아니라 영적인 부활이라고 주장하는 사람들도 있습니다. 또는 예수님이 믿는 자의 마음에 부활하여 살아계신다고 설명하기도 합니다. 이런 현상들은 초자연적인 것에 회의적인 현대인들을 의식한 해석이 아닐까 그런 생각이 듭니다. 그만큼 예수 그리스도의 육체적 부활은 여러 사람에게 불편한 것임에 틀림이 없습니다.

혹자는 복음 이야기를 하는데 왜 굳이 논란 많은 부활에 대해 말해야 하느냐고 의문을 제기하기도 합니다. 그냥 십자가 이야기만으로도 충분하지 않으냐는 것이죠. 그러나 그렇지 않습니다. 앞에서도 본 것처럼 부활은 복음의 핵심적인 요소이고 처음부터 예수를 믿은 사람들이 가장 중점적으로 전파한 소식입니다. 그들은 교리나 신학적인 가르침을 전한 것이 아니라 예수라는 사람이 죽었다가 다시 살아났다는 소식News을 전했습니다.

이처럼 예수님의 부활은 처음부터 기독교의 주된 메시지였고 그 가장 중심부에 자리하고 있었습니다. 만약 부활이 없다면 기독교도 없었다고 할 만큼 예수 그리스도의 부활은 기독교 신앙 자체에 있어 핵심이었다는 말입니다. 그래서 바울도 자신의 첫 번째 고린도 서신에서 "그리스도께서 살아나지 않으셨다면, 우리의 선포도 헛되고, 여러분의 믿음도 헛될 것입니다"라고 말한 것입니다(고전 15:14). 예수님의 육체적 부활이 없었다면 기독교의 믿음은 아무 소용도 없는 헛것이라고 바울은 말하고 있습니다.

그뿐만이 아닙니다. 만약 예수님이 십자가에 달려 죽은 것으로 이야기가 끝났다면 우리는 우리의 구원이 유효한지,

하나님께서 예수 믿는 사람들을 참으로 받아주셨는지를 알 길이 없을 것입니다. 유명한 성경 교사요 저술가인 존 맥아더John MacArthur가 지적한 것처럼 예수님의 부활은 그분의 죽으심에 대한 하나님의 "신적 해석"입니다. 즉 하나님은 예수 그리스도의 죽음이 단순한 순교가 아니라 인류 구원을 위한 대속의 죽음임을 부활을 통해 설명해주신 것입니다. 더 나아가 그것은 하나님께서 예수 그리스도라는 희생 제물을 기쁘게 받으셨다는 공적 선포와 같습니다. 하나님은 예수님을 죽음에서 다시 살리심으로써 참된 "유월절 어린 양" 예수의 희생을 받아주셨고 인간들을 위한 속죄의 사역이 완성되었음을 온 천하에 공포하신 것입니다. 그래서 바울은 로마에 보낸 서신에서 "예수는 우리의 범죄 때문에 죽임을 당하셨고, 우리를 의롭게 하시려고 살아나셨습니다"라는 선언을 했던 것입니다(롬 4:25). 그 말은 예수님의 부활이 우리가 그분의 죽으심을 통해 하나님 앞에 의롭게 된 것, 즉 죄 문제가 해결되어 하나님과의 관계가 회복되고 하나님께 인정받으며 하나님 앞에 나갈 수 있고 영생의 선물을 받을 수 있음을 확실히 보장한다는 뜻입니다.

이쯤에서 누군가는 예수님이 부활하신 게 정말 사실이냐고 질문할 수 있습니다. 그분이 죽음에서 다시 사셨다는 증거가 있습니까? 그분의 부활을 믿을만한 합리적 근거가 있기는 한가요? 교회에서 그렇게 주장하니까 그냥 맹신하는 게 아닙니까? 그렇지 않습니다. 사실은 증거가 아주 많습니다. 여기서는 그 가운데 몇 가지 중요한 것들만 열거하려 합니다.

먼저는 예수님의 행적을 기록한 복음서가 그분의 부활에 대한 첫 번째 증인을 여성으로 기록했다는 것이 부활의 사실성을 강하게 지지한다고 생각합니다. 복음서 기사를 보면 예수님의 부활을 제일 먼저 보고 알린 사람은 여성이었습니다. 마태, 마가, 누가, 요한의 사복음서가 일제히 기록한 부활 이야기를 보면 막달라 마리아를 비롯한 여인들은 예수님의 죽음을 목격한 후 금요일 저녁부터 시작되는 안식일을 보내고 일요일 새벽에 예수님의 무덤을 찾아옵니다. 사랑하는 예수님의 시신에 향품이라도 바르기 위해서였죠. 그러다가 무덤의 입구를 막고 있었던 큰 돌이 굴려져 있는 것을 발견했고 천사를 보았고 빈 무덤을 목격했고 마침내 부활하신 예수님까지 맨 처음으로 만나게 됩니다.

이것이 부활의 증거와 무슨 상관이 있을까요? 생각해보십시오. 예수님의 부활은 복음서에 기록된 대로 일어났거나 그런 일이 없는데도 제자들이 조작했거나 둘 중의 하나입니다. 만약 제자들이 부활 이야기를 조작했다고 합시다. 그랬다면 그들은 결코 여성을 부활의 첫 번째 증인으로 만들지 않았을 것입니다. 왜냐하면 그 당시 문화권에서 여자는 일종의 "이류 인간"처럼 여겨졌기 때문입니다. 성경에서도 보는 것처럼 당시 유대 사회에서 여자는 사람의 숫자를 셀 때 종종 제외되었습니다. 당시 유대인 남자들은 자기가 이방인이나 여자로 태어나지 않은 것을 아침마다 하나님께 공개적으로 감사했고 여자들의 증언은 법정에서 증거로 채택되지도 않았습니다. 이스라엘만이 아닙니다. 그리스 로마 세계도 여성들을 무시하기는 마찬가지였습니다. 주전 1세기 로마의 철학자인 키케로는 여성이 선천적으로 나약하다고 하면서 자기 선조들이 모든 여성을 후견인의 통제 아래 둔 것은 참으로 현명한 결정이었다고 칭송했습니다.

이런 사회적 분위기 가운데서 당시 제자들이 예수가 부활했다는 자기들의 주장을 퍼뜨리기 원했다면 절대 여성을 제1 증인으로 내세우지 않았을 것입니다. 왜냐하면 증언의 신뢰성만 떨어트릴 따름이기 때문입니다. 영국의 옥스퍼드 대학 출신으로 그 대학과 캠브리지에서 교수를 했던 NT 라이트N. T. Wright는 기독교 메시지를 전했던 초기의 전도자들이 부활 이야기에서 여성들을 빼라는 사람들의 상당한 압박에 시달렸을 것이라고 말합니다. 교회에 아무런 이득이 되지 않기 때문입니다. 그러나 그럴 수가 없었던 것은 전후 사정에 대한 기록들이 너무도 잘 알려져 있었기 때문이었다는 것입니다. 결론은 이것입니다. 복음서가 여성을 예수님의 부활에 대한 첫 번째 증인으로 쓴 것은 실제로 그랬기 때문이라고 보는 것이 가장 합리적이라는 말입니다. 다시 말해 어떤 바보도 그렇게 조작하지는 않는다는 뜻입니다. 그 말은 예수 그리스도의 부활이 복음서의 이야기에서처럼 그대로 일어났음을 지지합니다.

두 번째는 빈 무덤의 증거입니다. 성경은 예수님의 무덤이 비어있었다고 일관되게 주장합니다. 예수님이 부활하셔서 무덤에서 나오셨기 때문에 무덤이 비어있었다는 주장입니다. 문제는 과연 무덤이 비어있었냐는 것입니다. 그렇습니다. 예수님의 무덤은 비어있었습니다. 이는 지난 2천 년 동안 누구도 제대로 부인하지 못했습니다. 예수님의 대적들도 마찬가지입니다. 그들은 빈 무덤을 부인할 수 없었기 때문에 예수님이 진짜 죽은 것이 아니라 기절해서 무덤에 들어갔다가 나중에 정신을 차리고 나왔다는 "기절설" 같은 말도 안 되는 주장을 편 것입니다.

무덤이 비어있었음을 강력하게 지지해주는 한 가지 증거는 예루살렘에서 전도가 시작되었다는 것입니다. 널리 알려진 대로 예루살렘은 예수님이 십자가 처형을 당했던 곳입니다. 그리고 그곳은 로마 총독 빌라도와 유대교의 대제사장들 같은 예수님의 원수들이 우글거리는 곳입니다. 또 그곳에는 예수님의 무덤이 있기도 했습니다. 그런데 제자들은 바로 거기서 전도를 시작했습니다. 그 전도의 내용은 이미 언급한 것처럼 다른 것이 아니라 죽었던 예수님이, 무덤에 장사까지 지낸 예수님이 살아나셨다는 것이었습니다. 여기까지는 다 사실입니다. 역사학자들과 비평가들도 다 인정하는 사실들입니다. 그런데 만약 무덤이 비어있지 않았다면 그들은 예루살렘에서 이런 전도를 했을 수가 없습니다. 그건 너무 위험하고 무모한 짓이기 때문입니다. 예수님의 원수들이 무덤을 공개하고 시체를 내보이면 게임은 바로 끝날 수 있기 때문입니다. 당시 수많은 사람이 제자들의 전도에 반응해서 예수님을 믿고 있었는데 권력자들이 사람들 앞에서 무덤을 공개하면 그날로 기독교는 죽을 수 있었습니다. 그런데 예수님의 원수들은 한 번도 그런 시도를 하지 않았습니다. 왜 그랬을까요? 실제로 무덤이 비어있었기 때문입니다. 그래서 제자들이 더 담대히 예루살렘에서 부활의 소식을 전할 수 있었고 당시 어떤 기록에 의하면 예루살렘 인구의 거의 반이 예수님을 믿게 되었던 것입니다.

빈 무덤과 연관하여 한 가지 덧붙이고 싶은 역사적 사실은 초대교회가 예수님의 무덤에 대해 완전히 무관심했다는 것입니다. 일반적으로 다른 종교의 경우, 창시자의 무덤을 크고 화려하게 꾸미면서 그 무덤을 성지聖地로 만드는 것이 상식입니다. 그런데 기독교는 예수님의 무덤에 대해 처음부터 전혀 관심이 없었습니다. 그리고 그것은 지금까지도 마찬가지입니다. 왜 그럴까요? 처음부터 무덤이 비어있었고 예수님은 부활하셨기 때문입니다.

예수님의 부활을 뒷받침해주는 또 다른 증거는 예배일의 변경입니다. 잘 알다시피 유대인들은 모세의 시대부터 안식일을 예배일로 거룩하게 지켰습니다. 그들의 안식일은 금요일 해가 질 때 시작해서 토요일 해가 질 때 끝이 납니다. 이 토요일 안식일은 유대인들이 모세 이후 1,500년간 쉼과 예배의 날로 지켜 온 만큼 그들로선 그것이 없는 삶을 생각하기 힘들 정도였을 것입니다. 거기다 이날을 지키는 것은 언약 백성의 표지였고 하나님의 가장 중요한 명령에 대한 순종이었습니다.

그런데 이 성스럽고 오랜 전통이 깨어져 버렸습니다. 상상하기 힘든 일이 벌어진 것입니다. 유대인이 주축이 되었던 초대교회는 예배일을 일요일로 바꾸어 버렸습니다. 처음에는 토요일에도 모이고 일요일에도 모이다가 점차 토요일에서 이탈하여 일요일 예배로 정착이 된 것입니다. 왜 그랬을까요? 이것은 정말 혁명적인 변화입니다. 당시 일요일은 요즘처럼 공휴일이 아니었습니다. 일요일이 공휴일이 된 것은 4세기에 로마 황제 콘스탄틴이 기독교를 받아들이면서 그렇게 된 것입니다. 그전까지는 평일이었습니다. 다시 말해 현실적으로 모이기가 쉽지 않은 날이었다는 것입니다. 그런데도 그들은 오랜 전통을 깨고 예배일을 평일로 바꾸었습니다. 왜 그랬을까요? 꼭 그래야만 할 무슨 이유가 있지 않았을까요?

그리고 또 하나, 우리나라가 예전에 구정을 신정으로 바꾸려고 하다가 실패한 경우에서 보듯이 1,500년간 지켜온 전통을 바꾼다는 것은 거의 불가능에 가깝습니다. 그런데 왜 초대교회의 지도자였던 유대인들, 즉 12 사도와 예수님의 육신적 동생인 야고보와 사도바울은, 그리고 초대교회에 소속된 수많은 유대인은 토요 안식일에서 일요일로 예배일을 바꾸는 데 동의했을까요? 어떤 경천동지 할 특별한 일이 아니면 그러지 않았을 것이고 그럴 수도 없었을 것입니다. 그렇다면 그게 무엇일까요? 그것은 바로 일요일에 예수님이 부활하셨기 때문입니다. 그 외에는 다른 어떤 것으로도 설명이 안 됩니다. 사복음서의 부활 이야기에 나온 표현처럼 예수님은 "안식 후 첫날" 또는 "이레의 첫날", 즉 일요일에 부활하셨습니다. 그래서 그 날이 주의 날, 곧 주일이 되었고 초대교회의 예배일이 되었던 것입니다. 부활이 실제로 일어나지 않았다면 이런 일은 결코 없었을 것입니다. 또한 부활 사건이 없었다면 철저한 유일신론자인 유대인들이 예수라는 일개의 사람을 하나님으로 예배하는 일도 상상할 수 없었을 것입니다. 왜냐하면 유대인은 사람을 예배하지 않기 때문입니다.

예수님의 부활을 지지하는 또 하나의 증거는 제자들의 변화입니다. 복음서에서 예수님의 수난과 부활 이야기를 보면 제자들은 너무도 비非영웅적입니다. 예수님이 잡혀갈 때는 다 도망갔고 수제자인 베드로는 자기 정체가 탄로 날까 봐 예수님을 세 번이나 부인합니다. 예수님은 생전에 자신의 죽음과 부활에 대해 여러 번 예언했지만 그들은 한 귀로 듣고 한 귀로 흘려버렸습니다. 예수님이 부활하신 후에도 빈 무덤과 천사를 목격한 여인들의 말을 들었지만 그것을 허탄하게 여겼고 예수님이 부활한 그 주일 저녁에도 유대인들이 무서워 숨어있었습니다. 요한복음 20장 19절이 그 부끄러운 광경을 묘사합니다. "그날, 곧 주간의 첫날 저녁에 제자들은 유대 사람들이 무서워서 문을 모두 닫아걸고 있었다." 저는 이런 기록 자체가 부활의 신빙성을 높인다고 생각합니다. 만약 조작했다면 자기들의 이런 비겁하고 비 영웅적인 모습을 굳이 경전에 넣었을까요? 당시의 문화권에서 여자들보다 못한

지도자의 모습을 묘사해서 포교에 무슨 도움이 되었겠습니까? 여하튼 이게 그들의 이전 모습이었습니다.

그런데 얼마 후 이들은 완전히 딴사람이 됩니다. 그들은 두려워하지 않았고 담대해졌으며 누구도 막을 수 없었습니다. 그들은 핍박을 기꺼이 받았고 요한을 제외한 모든 제자는 복음을 전하다가 순교했습니다. 미국의 종교철학자인 게리 하버마스Gary Habermas 박사에 의하면 제자들의 이런 변화는 90% 이상의 회의론자들도 인정하는 팩트입니다. 그렇다면 그런 변화를 가능하게 만든 요인은 무엇이었을까요? 가장 일차적으로는 예수님의 부활입니다. 그들은 죽었던 자기들의 스승이 다시 살아나신 것을 보았습니다. 그래서 이전에 두려웠던 것들이 더 이상 그들의 발목을 잡지 않았던 것입니다. 이전에 얽매였던 것들에 더 이상 얽매이지 않았습니다. 죽음이 끝이 아니고 죽어도 살 수 있는데 뭐가 문제였을까요? 실제로 그들의 변화는 예수님의 부활을 직접 목격하기 이전과 이후로 나눠집니다. 그리고 그들이 전했던 주된 소식도 바로 죽었던 예수가 부활하셨다는 것입니다. 그 소식을 전하다가 감옥에 갇히고 돌에 맞았으며 십자가에 달렸던 것입니다. 예수님이 실제로 부활하지 않았다면 이 변화는 설명이 불가능합니다.

마지막으로 한 가지만 더 언급한다면 기독교의 기원과 폭발적 성장입니다. 기독교는 예수님의 십자가 처형 이후 얼마 있지 않아 예루살렘에서 시작이 됩니다. 이것은 일반 역사에서도 확인된 사실입니다. 그런데 예루살렘은 유대교의 본산인 성전이 있는 곳으로서 이단에 아주 적대적인 도시였습니다. 그곳에는 예수님을 죽였던 권력자들도 눈을 시퍼렇게 뜨고 살아있었습니다. 거기다 처음 교회를 시작했던 예수님의 제자들은 가난했고 아무 힘이 없는 사람들이었습니다. 일반적인 상식으로 보면 기독교는 바로 죽어야 했습니다. 그런데 놀랍게도 기독교는 살아남았습니다. 살아남은 정도가 아니라 아주 왕성하게 부흥합니다. 그리고 얼마 있지 않아 기독교는 로마제국 전역으로 퍼져나갔습니다. 엄청난 핍박에도 불구하고 말입니다.

역사가 타키투스에 의하면 네로 황제는 기독교인들에게 맹수의 가죽을 입혀 굶주린 들개에게 던지기도 하고 그들의 몸에 송진을 바른 후 밤을 밝히는 인간 횃불로 사용했다고 합니다. 무엇이 이런 사회에서 기독교를 들불처럼 퍼져 나가게 했을까요? 어떻게 이런 상황 가운데 돈도 권력도 인맥도 유력한 사람도 없었던 기독교가 마침내 로마제국을 정복할 수 있었을까요? 가장 회의적 비판론자도 어떠한 힘 X가 기독교라는 신흥종교를 태동케 하고 성장케 했다고 인정합니다. 그렇다면 그것이 무엇입니까? 무엇이 무식하고 가난한 소수의 제자에 의해 시작된 "이단"이 세계를 지배하던 로마를 뒤집어 놓게 했을까요? 그것은 바로 예수님의 부활이었습니다. 그분이 진짜로 부활하셨고 제자들이 그것을 목격하였으며 본 것을 말하지 않을 수 없었으므로 그 놀라운 소식을 목숨 걸고 전파했기 때문입니다. 케임브리지 대학의 뮬 C. F. D. Moule 교수는 그래서 다음과 같이 말했습니다. "기독교의 탄생과 급속한 성장은 기독교 자체에 의해 제공된 설명에 귀를 기울이기 거부하는 어떠한 역사가에게도 풀리지 않는 수수께끼로 남아있다." 그렇습니다. 예수님의 부활이 열쇠입니다. 그것이 기독교의 탄생과 급속한 성장을 가능하게 만든 힘이었습니다.

이외에도 여러 말을 할 수 있겠지만 예수님의 부활이 누가 꾸며낸 허황된 이야기가 아니라 많은 합리적 근거를 가진 역사적 사실임을 알게 하기에는 이 정도로도 충분하다고 생각합니다. 예수님의 부활은 신화가 아니라 사실입니다. 그러지 않았다면 지금 우리가 아는 그 기독교는 없었을 것입니다.

다시 한번 말하지만 예수님의 부활은 기독교 믿음과 복음에 매우 중요합니다. 그것은 맥아더의 표현처럼 "기독교의 초석이고 복음의 기초이며 천국에 대한 보증"입니다. 바울은 예수님이 실제로 부활하시지 않았다면 그리스도인의 믿음은 헛되며 기독교인만큼 불쌍한 사람이 없을 것이라고 했습니다. 그 말은 그가 예수님의 부활을 확신했다는 뜻입니다. 사실 바울은 당시 누구보다 장래가 촉망되는 사람이었고 삶에서 옵션이 많은 사람이었습니다. 그런 그가 잘 나가는 바리새인으로서 자신의 공적을 쌓기 위해 기독교를 핍박하다가 그 핍박의 현장에서 갑자기 180도 돌아선 것은 부활하신 예수를 직접 보았기 때문이었습니다. 그랬기 때문에 그가 모든 것을 버리고 그토록 모진 고난을 받으며 예수를 전하는 선교사로 변신했던 것입니다. 그게 아니라면 바울의 이 극적인 변신 또한 설명할 길이 없습니다.

그러므로 그분이 십자가에서 당신의 죄를 사하기 위해 죽으셨다가 당신을 하나님 앞에서 의롭게 하기 위해 부활하셨음을 믿으십시오. 바울은 로마서 10장 9절에서 "당신이 만일 예수는 주님이라고 입으로 고백하고, 하나님께서 그를 죽은 사람들 가운데서 살리신 것을 마음으로 믿으면 구원을 얻을 것입니다"라고 말씀합니다. 당신을 위해 죽었다가 다시 사신 분, 그분을 진심으로 믿고 그분을 위해 살지 않겠습니까? 완전한 구원의 기쁨과 죽음을 이기는 생명과 당신을 결코 실망시키지 않을 언제나 살아있는 소망이 당신에게 선물로 주어질 것입니다.

예수께서 마르다에게 말씀하셨다. "나는 부활이요 생명이니, 나를 믿는 사람은 죽어도 살고, 살아서 나를 믿는 사람은 영원히 죽지 아니할 것이다. 네가 이것을 믿느냐?"
Jesus said to her, "I am the resurrection and the life. The one who believes in me will live, even though they die; and whoever lives by believing in me will never die. Do you believe this?"

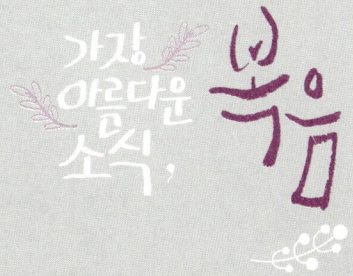

가장 아름다운 소식, 복음

06_

예수 그리스도의 유일성

The Uniqueness of Christ

2-3년 전쯤에 누군가에게서 받은 한 정치인의 에세이집에서 재미있는 글을 발견했습니다. 그 정치인은 자신을 가톨릭 신자로 소개했습니다. 가톨릭도 하나님을 믿는 유일신 종교이니까 기도할 때는 당연히 그들의 표현에 따라 "하느님 아버지"에게 기도했겠죠. 그러나 세월이 흐르는 동안 그는 자신이 신앙적인 면에서 성장하게 되었다고 했습니다. 그래서 그는 이제 더 이상 하느님 아버지에게만 기도하지 않습니다. 그는 예수님과 성모 마리아는 말할 것도 없고 부처님과 모하메드와 힌두교의 신에게도 기도하게 되었습니다. 그의 기도는 이런 식으로 시작됩니다. "오, 하느님. 예수님, 성모 마리아, 부처님, 모하메드, 그리

고 브라마 신이여..." 그가 앞으로 더 성장(?)하게 되면 이 목록은 더 길어지게 되겠지요. 그는 이 난센스를 "성장"이라는 말로 표현했고 자신이 종교 다원주의자가 된 것을 상당한 자랑으로 여기고 있는 듯 보였습니다.

그는 왜 이런 글을 자신의 에세이집에 포함시켰을까요? 아마도 표를 얻는 데 도움이 된다고 생각해서 그렇게 하지 않았을까요? 그랬을 것입니다. 요즘 정치인들은 책으로도 정치를 한다던데 득표에 해가 된다면 굳이 그 글을 포함시키지 않았겠지요. 이는 지금 이 시대를 사는 많은 사람이 종교 다원주의에 호감을 갖고 있다는 사실을 암시합니다. 그렇습니다. 우리가 사는 포스트모던 시대의 특징 가운데 하나가 바로 종교 다원주의입니다. 어느 한 종교에만 구원이 있는 것이 아니라 모든 종교에 구원이 있고 특정한 종교에만 진리가 있는 것이 아니라 모든 종교에 나름의 진리가 있다고 믿는 것이죠. 그래서 포스트모던 시대의 가장 큰 미덕이 바로 똘레랑스, 즉 관용입니다. 사람들은 기독교인이 불교의 (또는 반대로 불교인이 기독교인의) 진리를 인정하고 받아들일 때 혼합주의자라고 비난하기보다 관용의 미덕을 가진 사람이라고 치켜세우며 칭찬합니다. 그래서 크리스마스 때 불교의 승려가 성당이나 교회에서 축하 메시지와 함께 설법을 하고 석탄일에 기독교의 목사나 사제가 사찰에서 설교를 하는 소위 "웃픈" 일들이 벌어지는 것입니다.

이런 포스트모던적 종교 다원주의와 기독교의 복음이 조화를 이룰 수 있을까요? 불행하게도 그렇지 않습니다. 오히려 기독교의 복음은 종교 다원주의를 정면으로 반박합니다. 그것은 오직 예수 그리스도 안에만 구원이 있다고 주장합니다. 예수님께서 직접 말씀하신 것처럼 그분만이 "길이요 진리요 생명"임을 복음은 분명히 천명합니다. 그분의 십자가 죽음을 통해서만 죄를 용서받고 오직 은혜로 구원을 받아 하나님의 자녀가 된다고 가르칩니다. 물론 이 주장은 포스트모더니티의 엘리트를 비롯한 수많은 사람을 화나게 만듭니다. 그런 사람들에게 그것은 분명 불편하기 짝이 없는 진실입니다. 물론 그들은 그게 진실이라는 말에 1도 동의하지 않겠지만 말입니다. 그러나 성경은 예수님의 유일성 uniqueness of Jesus이 진실 the truth임을 거듭 밝히고 있습니다. 그것은 단순히 교조적이고 좁아터진 극단적 기독교 근본주의자들의 주장이 아님을 우리는 알아야 합니다.

사실 이 주장의 기원은 예수님 자신입니다. 그분은 요한복음 14장 6절에서 "내가 곧 길이요 진리요 생명이니 나로 말미암지 않고는 아버지께로 올 자가 없느니라"라고 단언하셨습니다. 이것은 그냥 어쩌다 나온 말도 아니고 무시해도 좋을 만한 주장도 아닙니다. 이것은 예수님께서 작심하고 하신 말이며 예수님의 정체에 대해 가장 중요한 주장입니다. 만일 이 말이 사실이 아니라면 예수님은 결코 위대한 스승이 될 수 없습니다. 세계 4대 성인이라고 떠받들 수도 없습니다. 왜냐하면 그럴 경우에 그분은 과대망상증에 걸린 정신병자이거나 자신의 정체를 속이고 종교 장사를 하려는 사기꾼 중 하나일 것이기 때문입니다. 무신론자였다가 기독교로 회심하여 유명한 변증학자가 되었던 C. S. 루이스가 지적한 것처럼 예수님은 우리에게 "하나님의 아들이자 인간의 구원자로서 예수님의 유일성은 받아들일 수 없지만 위대한 스승이나 성자로 추앙할 수는 있다"는 식의 어정쩡한 선택은 남겨놓지 않으셨습니다. 우리는 예수님에 대해 그분이 주장하신 그대로를 받아들이거나 아니면 그에게 침을 뱉고 욕을 하며 그를 쓰레기통에 던져버리거나 둘 중 하나를 선택해야 합니다.

예수님의 제자들은 스승의 이 주장을 심각하게 받아들였습니다. 그들은 그분이 하나님의 아들이시며 인류의 유일한 구원자이심을 조금도 의심하지 않았고 이 사실을 분명히 선포했습니다. 왜냐하면 그들은 자기 스승이 그저 말만 한 것이 아니라 자연과 질병과 악한 영을 다스리는 분이심을 눈으로 보았기 때문입니다. 뿐만 아니라 죽음까지 정복하시고 부활, 승천하신 것을 목격했기 때문입니다. 그래서 베드로는 유대의 종교 지도자들을 포함한 사람들에게 다음과 같이 담대히 외쳤습니다.

이 예수 밖에는 다른 아무에게도 구원은 없습니다. 사람들에게 주신 이름 가운데 우리가 의지하여 구원을 얻어야 할 이름은 하늘 아래에 이 이름 밖에 다른 이름이 없습니다(행 4:12).

예수님만이 우리를 구원하실 수 있다는 복음의 주장은 과연 독선일까요? 그것은 너무 좁고 교조적이라 이제는 그 주장을 수정하거나 폐지해야 할까요? 어설픈 자유주의자나 종교 다원주의자들처럼 어디로 가든 그게 길이라고 말해야 할까요? 그럴 수 없습니다. 왜냐하면 예수님은 어디로 가든 길이라고 말씀하신 적이 없고 "내가 유일한 길이다"I am the way라고 말씀하셨기 때문입니다. 만약 예수님의 이 주장이 사실이라면 다른 길은 길이 될 수 없습니다. 만약 예수님의 이 주장이 거짓이라면 우리는 예수님을 버려야 합니다. 이것은 진리에 대한 주장입니다. 맞든지 틀리든지 둘 중의 하나입니다. '1+1=2'라는 수학적 진리 주장이 맞든지 틀리든지 둘 중 하나인 것과 같은 이치입니다. 관용의 이름으로 '1+1=2'도 맞고 3도 맞고 4도 맞는다고 할 수 있을까요? 누구도 그렇다고 대답하지 않을 것입니다.

우리가 이것도 받아들이고 저것도 받아들이는 식의 종교 다원주의를 용납할 수 없는 한 가지 이유는 여타 종교와 기독교의 가르침이 정면으로 충돌하기 때문입니다. 다른 모든 종교의 창시자들은 윤리와 선행을 가르치는 교사에 불과하지만 기독교의 창시자인 예수님은 스스로를 하나님이라고 주장하셨습니다. 그들은 신에게 이르는 길을 소개하며 진리를 가르칠 수 있다고 말하지만 예수님은 당신 자신이 길이며 진리라고 말씀하십니다. 다른 모든 종교는 윤리와 선행, 또는 종교적 열심으로 하나님께 갈 수 있다고 가르치지만 기독교는 그것이 불가능하다고 말합니다. 왜냐하면 모든 인간은 전적으로 타락했고 영적으로 죽어있다고 보기 때문입니다. 다시 말해 인간의 상태에 대한 진단과 그 문제를 해결하는 처방에서 기독교와 다른 종교는 완전히 다른 생각을 가지고 있다는 뜻입니다. 이것은 '맞거나 틀렸거나'의 문제이지 '좁거나 넓거나'의 문제가 아님을 우리는 인식해야 합니다.

여기서 팀 켈러가 자신의 책 『하나님을 말하다』에서 든 예화 하나가 도움을 주리라 생각합니다. 당신에게 병이 있다고 합시다. 많은 의사가 그 병에 대해 별거 아니라고 말하면서 감기약을 먹고 쉬면 나을 거라고 합니다. 그런데 유독 한 의사만이 당신의 병이 치명적인 것이며 자기가 주는 특별한 처방이 아니면 살길이 없을 거라고 주장한다 합시다. 당신이 그 의사를 독선적이라고 비난할 수 있을까요? 좁아터졌다고 말할 수 있을까요? 그럴 수 없을 것입니다. 그 의사의 견해가 틀렸을 수 있습니다. 그 의사가 정신이 온전하지 못할 수도 있습니다. 그러나 그 의사의 진단과 처방을 편협하다거나 독선적이라고 말할 수는 없습니다. 왜냐하면 그것은 당신의 생명에 관한 진실의 문제이기 때문입니다. 맞으면 맞고 틀리면 틀린 것이지 넓고 좁고의 문제가 아니라는 말입니다. 당신은 그의 말을 믿고 그대로 하거나 아니면 그의 말을 거부할 수 있겠죠. 그러나 이것도 맞고 저것도 맞는다고 하거나 그 의사의 견해가 좁아터졌다고 말할 수는 없습니다.

복음은 예수님만이 이 세상의 유일무이한 구원자이며 우리가 살길은 그 예수님을 믿는 길밖에 없다고 주장합니다. 당신은 이 주장에 대해 어떤 선택을 하시겠습니까? 다시 한 번 말하지만 종교 다원주의는 답이 아닙니다. "모로 가도 서울로 가면 된다"는 말은 이 경우에는 해당되지 않습니다. 왜냐하면 예수님은 다른 모든 길을 사망에 이르는 길이라고 말씀하셨기 때문입니다.

물론 기독교인은 다른 종교를 신봉하는 사람들에게 사랑을 베풀고 그들을 존중할 필요가 있습니다. 남의 경내에 들어가 "땅 밟기"를 한다거나 기독교 찬송을 부르는 식의 무례를 범해서는 안 될 것입니다. 관계적인 측면에서 기독교인들은 더 관용하기를 배워야 합니다. 하나님의 일반 은총으로 인해 타 종교인들이나 비그리스도인들이 가지고 있는 좋은 점들도 인정해야 할 필요도 있습니다. 그들도 하나님의 형상대로 창조된 존재요, 하나님께서 사랑하여 아들을 주신 자들이므로 마땅한 예의를 갖추고 존중해야 합니다. 그러나 그렇다고 진리 문제에 있어서 그들의 종교적 가르침도 옳고 우리도 옳다는 식의 어설픈 양시론을 취할 수는 없습니다. 그들도 잘 되고 우리도 잘 되어야 한다는 어정쩡한 중립주의는 언뜻 보기에 그럴듯해 보이지만 전혀 바람직하지 않습니다. 사람들의 영혼과 영원한 운명을 위해서 진리가 아닌 것들은 그게 무엇이든 간에 다 망해야 합니다(사람에 대해 말하는 것이 아니라 종교적 시스템과 가르침에 대해 말하는 것입니다). 그렇지 않으면 수많은 사람이 그 거짓 가르침으로 인해 망할 것이기 때문입니다.

이제 복음이 요구하는 선택 앞에 서 보십시오. 당신은 예수님을 어떻게 하겠습니까? "내가 곧 길이요 진리요 생명이니 나로 말미암지 않고는 아버지께로 갈 자가 없느니라"는 그분의 주장을 믿고 그분을 당신의 유일한 구주로 영접하겠습니까? 아니면 그를 거절하고 다른 길로 가겠습니까? 제3의

대안은 없습니다. 믿든지 거절하든지 두 가지의 선택만이 있을 뿐입니다. 그리고 그 선택에 대한 완전히 다른 결과가 있을 것입니다. 이제 선택은 당신의 몫입니다. 당신은 이 예수를 어떻게 하겠습니까?

예수께서 그에게 말씀하셨다. "나는 길이요, 진리요, 생명이다.
나를 거치지 않고서는, 아무도 아버지께로 갈 사람이 없다.
Jesus answered, "I am the way and the truth and the life.
No one comes to the Father except through me.

가장
아름다운
소식; 복음

07_

Grace

제 친구 중에 남을 참 잘 도와주는 친구가 있습니다. 미국 유학 시절에 누가 이사를 한다고 하면 다른 일 다 제쳐놓고 아침부터 와서 짐 옮기는 일을 도와주었습니다. 지금도 만나면 그렇게 하지만 경제적으로 어려웠던 유학 시절에도 빚을 져가면서까지 다른 사람에게 베풀기를 좋아했습니다. 누가 찾아오면 기꺼이 자기 집을 내어 숙식을 제공하고 여럿이 식당 같은 곳에 가면 가장 돈을 잘 내었습니다. 그러나 이 친구에게 서툰 것이 있는데 그것은 남의 호의를 받아들이는 문제였습니다. 친구들의 이사는 그렇게 잘 도와주면서 막상 본인이 이사할 때는 아무에게도 알리지 않고 혼자서 해결하였습니다. 자기 집은 다른 사람들의 필요를 위해 열어주지만 본인은 타지에 갈 때 남의 신세를 지지 않기 위해 여관 같은 데서 숙박을 합니다. 남의 경조사는 적극적으로 챙기지만 자기 집의 일은 부담 주기 싫다면서 알려 주지조차 않습니다. 한마디로 이 친구는 은혜 베풀기는 좋아하는데 은혜 받아들이기를 어려워했던 것입니다.

정도의 차이는 있지만 우리 모두는 아무 이유 없는 호의, 즉 은혜받는 것을 그리 편안해하지 않는 경향이 있습니다. 이 세상에 공짜가 없다는 것을 경험상 너무 잘 알고 있기 때문입니다. 누가 별다른 이유 없이 호의를 베푼다고 하면 덥석 받기보다 그렇게 하는 숨겨진 이유가 있지는 않을까 궁금해합니다. 특히 잘 모르는 사람이 공짜로 무엇을 준다고 하면 우리는 바로 경계 모드에 들어갑니다. 설사 순전한 호의로 알고 받아도 가슴 한편에 부담이 되는 것은 어쩔 수 없습니다. 그리고 이 호의를 어떻게 갚아야 할지 생각하게 됩니다. 공짜 자체를 싫어한다는 말은 아닙니다. 공짜는 좋지만 그 공짜에 달린 또는 달릴 수 있는 꼬리표를 두려워하거나 불편해한다는 말입니다. 세상에 공짜는 없다는 말이 그저 생긴 것은 아님을 우리는 너무 잘 알기 때문입니다. (그리고 실제로 진짜 공짜는 잘 없습니다. "공짜 폰"이 광고한 대로 진짜 공짜이던가요?) 특별히 남에게 신세 지기를 싫어하는 사람들은 절대 공짜를 받아들이지 않습니다. 차라리 빚을 지는 한이 있더라도 내 힘으로 해결하기를 좋아하는 것입니다.

　이런 태도는 우리의 구원 문제에도 드러날 수 있습니다. 우리는 아무 노력이나 대가 지불도 없이 구원받는다는 개념을 잘 받아들이지 못합니다. 오히려 신의 진노를 누그러뜨리기 위해, 또는 구원에 이르기 위해 내가 무언가를 해야 한다고 생각합니다. 이를테면 기도를 하거나 헌금을 하거나 예배에 참여하거나 수행을 하는 것과 같은 것입니다. 그렇게 하는 것이 아무것도 하지 않는 것보다 우리에게 더 편하고 익숙합니다. 그러나 기독교의 복음은 구원을 위해 우리가 할 일은 없다고 말합니다. 복음은 하나님께서 예수 그리스도를 통해 우리의 구원에 관하여 이미 모든 것을 다 이루셨으며 따라서 이미 이룬 그 구원의 선물을 그냥 받아들이라고 요청합니다. 한마디로 구원은 우리의 행위와 아무 상관 없는 신적 은혜의 선물이라는 것입니다. 그러나 이 은혜의 개념은 구원에 대한 우리의 생각과 잘 맞지 않습니다. 인간을 무력한 수혜자로 만듦으로써 우리의 자존심에 상처를 주기도 합니다. 그리고 공짜가 없다는 세상의 현실이나 상식과도 맞지 않습니다. 그래서 많은 사람에게 은혜로 인한 구원이라는 기독교 복음의 주장은 불편하게 느껴질 것입니다.

탁월한 설교자이자 성경 교사인 찰스 스윈돌Charles Swindoll은 9주 동안 70여 명의 구도자에게 은혜의 복음에 대해 가르친 후 한두 문장으로 복음을 간략하게 설명해 보라고 했는데 그중 다섯 명만이 제대로 된 답을 제출했다고 합니다. 처음에 그는 자신의 가르침에 문제가 있었던 것은 아닐까라고 생각했지만 계속 모임을 인도하면서 사람들이 은혜라는 개념을 받아들이기 매우 어려워한다는 사실을 알게 되었다고 말했습니다. 인간적 관점으로 볼 때 뭔가가 거저 주어진다는 생각은 비논리적이고 무책임하게 보인다는 것입니다. 그래서 사람들이 은혜로 구원을 받는다는 개념보다 뭔가 가치 있는 행위를 통해 하나님의 관심과 구원을 따낸다는 생각을 더 쉽게 받아들인다고 그는 지적합니다.

많은 사람이 은혜로 인한 구원의 개념을 불편하게 여긴다는 사실은 다른 종교들의 가르침을 살펴보면 어렵지 않게 짐작할 수 있습니다. 기독교를 제외한 세상에 있는 모든 종교는 은혜의 교리를 가르치지 않습니다. 아무 공로가 없는 자에게 그 신이 무조건 호의를 베푼다는 개념은 그들 종교에서 도무지 찾아볼 수 없는 낯선 생각입니다. 오히려 그들 모두는 인간의 행위를 통해 구원을 얻어낼 수 있다고 가르칩니다. 그래서 필립 얀시Philip Yancey가 자신의 역작인 『놀라운 하나님의 은혜』에서 소개한 것처럼 오래전에 영국에서 세계적인 종교학자들이 모여 기독교가 다른 종교와 다른 점이 무엇인지에 대해 열띤 토론을 하고 있을 때 어쩌다 그 회의장에 들어왔던 C. S. 루이스가 '그건 은혜'라고 한마디로 정리를 할 수 있었던 것이 아니었겠습니까? 학자들은 루이스의 단순 명쾌한 대답에 이의를 달 수 없었습니다.

은혜가 얼마나 불편했던지 심지어 기독교 안에서도 사람의 선행과 공로가 더해져야 한다는 율법주의가 버젓이 얼굴을 내밀고 있는 것이 현실입니다. 할례를 받아야 구원을 받을 수 있다고 가르쳤던 고대의 갈라디아 교회나 면죄부를 팔았던 중세의 가톨릭 교회만이 아니라 현대의 개신교회 안에도 예수님에다 사람의 행위를 더해야 구원을 받을 수 있다고 가르치는 경우가 적지 않습니다. 저는 군대 생활을 하면서 군대 교회에 온 한 부흥사로부터 얼음물을 깨고 그 안에 들어가 기도할 정도의 믿음이 되어야 구원을 받을 수 있다는 말을 들어본 적도 있습니다. 기독교 내에 퍼져있는 "착한 사람이 천국 간다"나 "하나님은 스스로 돕는 자를 돕는다"라는 경구는 또 어떻습니까? 이 모든 것은 사람들이 행위로 인한 구원을 훨씬 더 자연스럽게 여긴다는 반증이라고 생각합니다. '무언가를 해라. 수행을 하거나 십계명을 지키거나 철야기도를 하거나 자선을 베풀거나 술, 담배를 끊거나 교회를 열심히 다녀라. 그러면 그 대가로 구원을 얻게 될 것이다.' 수많은 사람이 지금도 이 구호에 맞추어 자신의 구원을 위해 무언가를 하고 있을 것입니다.

그러나 기독교의 복음은 은혜의 복음입니다. 사도 바울은 그 사실을 에베소 교회의 성도들에게 다음과 같이 분명하게 정리합니다.

여러분은 믿음을 통하여 은혜로 구원을 얻었습니다. 이것은 여러분에게서 난 것이 아니요 하나님의 선물입니다. 행위에서 난 것이 아닙니다. 그러므로 아무도 자랑할 수 없습니다 (엡 2:8-9).

위의 구절을 자세히 들여다보십시오. 구원은 전적인 은혜요 하나님의 선물로 묘사되어 있습니다. 우리의 행위에서 나온 것이 아니기 때문에 아무도 자랑할 수 없다고 합니다. 수행도, 금욕도, 자선도, 헌금도, 종교 생활도 우리의 구원과 상관이 없습니다. 구원은 하나님이 거저 주시는 선물입니다. 그분이 모든 값을 지불하여 준비하시고 포장까지 다 해서 주시는 완벽한 선물입니다. 우리의 노력이나 행위는 전혀 첨가되지 않았고 그런 것을 요구하지도 않았습니다. 오직 은혜일 따름입니다.

어떤 사람들은 구원이 이처럼 완벽하게 공짜라는 사실에 거부감을 느낍니다. 별 가치가 없는 것처럼 여깁니다. "값싼 은혜"라고 비아냥거립니다. 그래서 고개를 돌립니다. 더 많은 것을 요구하는 가르침을 찾습니다. 수행을 하라거나 백일기도를 하라거나 미사에 참여하라거나 전적으로 헌신하라거나 심지어 자살폭탄을 터뜨려 순교하라거나 하는 가르침을 좇습니다. 마치 백화점에서 값싼 물건을 무조건 불신하고 별 근거도 없이 비싼 물건에 그냥 혹하는 허영심 많은 구매자처럼 그들은 그렇게 합니다.

그러나 오해하지 마십시오. 기독교의 복음이 우리에게 값을 요구하지 않는다고 해서 아무런 가치도 없거나 값싼 싸구려가 결코 아님을 기억하기 바랍니다. 구원이라는 위대한 선물을 우리에게 제공하기 위해 하나님께서는 당신의 독생자 예수 그리스도의 죽음이라는 가장 값비싼 대가를 지불하셨습니다. 스윈돌은 은혜가 "천국의 통화"通貨라고 하면서 "수혜자에게는 거저 주어지지만 베푸는 자에게는 비용이 들며 자격 있는 자의 창고에서 받을 가치가 없는 자의 창고로 옮겨간다"라고 지적합니다. 그렇습니다. 은혜는 절대 값싼 것이 아닙니다. 오히려 그것보다 더 값비싼 것은 이 세상에 없습니다. 다만 이해할 수 없는 하나님의 호의로 우리에게 지불의 의무를 지우지 않으셨을 뿐입니다. 그리고 어차피 우리는 그 값을 지불할 능력도 없습니다. 사실 우리는 영적, 도덕적 파산자들에 불과하니까요.

그러므로 우리는 어떻게든 하나님의 구원 역사에 내 행위를 조금 보태보려는 허황된 시도를 그쳐야 합니다. 이는 마치 일류 레스토랑에서 최고의 식사를 대접받고는 자기 얼굴을 조금이라도 세우려고 동네 허름한 찻집에서 찻값이라도 내려고 하는 사람의 행위와 같습니다. 그것은 사실 또 다른 형태의 교만입니다. 우리가 해야 할 일은 그냥 겸손히 은혜를 받는 것입니다. 예수님께서 나를 위해, 그리고 나를 대신하여 십자가에 달리셔서 내 모든 죗값을 지불하시고 나의 구원을 이루셨다는 사실을 믿고 감사함으로 구원의 선물을 받는 것입니다. 그냥 있는 모습 그대로 예수님께 나와 그 선물을 받으면 됩니다.

저는 미국에 살았을 때 가끔 지금은 소천하신 복음 전도자 빌리 그레이엄 목사님의 전도 집회를 TV로 시청한 적이 있었습니다. 그분이 복음에 관해 설교를 하고 나면 초청의 시간이 있게 됩니다. 그것은 예수님을 믿기 원하는 사람들을 강단 앞으로 나오라고 초청하는 시간입니다. 그러면 거대한 스타디움의 청중석에 앉아 있던 수만 명의 사람 가운데 초청에 응답한 사람들이 자리에서 일어나 강당이 있는 운동장 중앙으로 내려옵니다. 정말 헤아릴 수 없는 사람들이 이곳저곳에서 끝도 없이 몰려옵니다. 그것은 얼마나 감동적인 장면인지 모릅니다. 남자, 여자, 젊은이, 노인, 흑인, 백인, 황인, 히스패닉, 온통 문신이 새겨진 불량배, 점잖게 옷을 차려

입은 신사 등 성별과 인종, 신분과 지위와 연령을 망라한 수많은 사람이 하나님께서 거저 주시는 은혜의 선물을 받기 위해 앞으로 나오고 있었습니다.

그 시간에 오케스트라가 연주하는 찬송가가 있는데 그것은 바로 "큰 죄에 빠진 날 위해"라는 찬송입니다. 가사가 이렇습니다.

큰 죄에 빠진 날 위해

주 보혈 흘려주시고

또 나를 오라 하시니

주께로 거저 갑니다

이 찬송의 원래 제목은 "Just as I am," 즉 "내 모습 그대로"라는 것입니다. 내 모든 상태를 아시면서도 나를 사랑하셔서 독생자 예수를 십자가에 죽게 하시고 나를 구원으로 부르시는 하나님께 꾸밈없이 숨김없이 그냥 "그 모습 그대로" 가겠다는 찬송입니다.

당신의 있는 모습 그대로 하나님께 나오십시오. 술을 먹어도 괜찮습니다. 담배를 피워도 괜찮습니다. 과거가 깨끗하지 않아도 괜찮습니다. 그냥 그대로 나오십시오. 복음을 전하다 보면 술, 담배 끊고 생활이 좀 정돈되면 믿겠다고 하는 사람들이 있습니다. 그것은 마치 병에 걸린 사람이 내가 좀 고쳐보고 호전이 되면 의사에게 가겠다는 말과 별로 다를 바가 없습니다. 예수님은 자칭 "의인"들을 위해서가 아니라 죄인들을 위해 오셨습니다. 낙오자들과 실패자들, 온갖 종류의 죄인들, 인기 작가 브레넌 매닝Brennen Manning의 표현을 따르자면 "부랑자"ragamuffin들을 위해 그분은 오셨습니다. 복음서를 읽어보면 당시 멸시받던 세리와 창기와 죄인들이 그냥 그 모습 그대로 예수님께 나갔던 것을 보게 됩니다. 당신의 모습이 아무리 더러워도, 과거가 아무리 어두워도 상관없습니다. 성경은 "우리가 아직 죄인이었을 때에 그리스도께서 우리를 위하여 죽으셨습니다"라고 말합니다(롬 5:8). 그냥 그대로 와서 예수님을 자신의 구주로 믿고 십자가의 은혜를 받으십시오. 그러면 그다음은 예수님께서 알아서 하실 것입니다.

은혜를 받는다는 것은 늘 쉬운 일만은 아닙니다. 그것은 나의 노력과 의와 자존심을 내려놓아야 가능합니다. 가난한 마음으로, 어린아이같이 순수한 마음으로 하나님의 은혜를 받으십시오. 거기에는 그 어떤 조건도 꼬리표도 달려있지 않습니다. 만약 진정으로 자신의 무력함과 비참함을 인정하고 십자가의 은혜를 받아들인다면 당신은 구원을 받고 하나님의 자녀가 될 것이며 더 나아가 하나님의 은혜가 이루는 인생의 혁명을 경험하게 될 것입니다. 그렇습니다. 잘 알고 보면 은혜는 전혀 불편한 진실이 아닙니다. 그것은 그야말로 놀라운amazing 진리이자 최고의 굿 뉴스입니다.

놀라운 은혜를 내려 주신 하나님께 찬양을 드립니다.
하나님께서는 아무 대가를 바라지 않으시고, 은혜를 베풀어
주셔서 사랑하는 아들 독생자 예수 그리스도를
우리에게 보내 주셨던 것입니다.
to the praise of his glorious grace, which he has freely
given us in the One he loves.

08_

지옥
Hell

예수 믿기 전 대학에 다닐 때 좋아했던 노래 중에 "이매진"imagine이라는 곡이 있습니다. 비틀스의 리더였던 존 레넌John Lennon이 팀 해체 후 1971년에 발표한 이 곡은 멜로디가 매우 아름답고 전 세계 수많은 사람의 사랑을 받은 "명곡"입니다. 그러나 분위기 있는 멜로디와는 달리 가사는 상당히 논쟁적이고 선동적입니다. 레넌은 이 곡에서 천국과 지옥이란 없는 것이라 생각하고 그저 이 땅에서 모든 사람이 평화롭게 살아가는 것을 상상하라고 노래했습니다.

그 노래의 영향력일까요? 오늘날 많은 사람이 존 레넌의 충고대로 살아갑니다. 문제는 예수 그리스도를 믿는 그리스도인들조차도 그의 선동에 영향을 받은 것 같다는 사실입니다. 점점 더 많은 그리스도인이 이 땅의 삶에만 집중하며 천국과 지옥에 대해 생각하지 않습니다. 특별히 지옥에 대해서는 생각하지도 말하지도 않으려 합니다. 미국의 한 유명한 목회자는 엄청난 논란을 야기한 자신의 저서 『사랑이 이긴다』에서 지옥을 이 세상에 산재한 끔찍한 삶의 현실로 재정의하기도 했습니다. 전통적으로 기독교가 믿어왔던 지옥의 교리를 교묘히 내버린 것이죠.

이처럼 그리스도인이든 비그리스도인이든 상관없이 오늘날의 많은 사람이 지옥을 지우려 하고 있습니다. 지옥은 중세의 케케묵은 교리이며 지금도 지옥을 말하는 사람들은 무정하고 덜 개화된 근본주의자들이라는 공격이 사방에서 날아오고 있습니다. 그렇습니다. 지옥은 복음 속의 불편한 진실입니다. 어쩌면 "불편한 진실"이라는 표현이 너무 약한지도 모릅니다. "끔찍한 진실"이라는 표현이 더 어울리는 것 같습니다.

물론 존 레넌을 비롯하여 앞에서 말한 많은 사람들은 지옥을 진실 또는 실재라고 생각하지도 않을 것입니다. 그러나 가장 신뢰할만한 고문서이며 여전히 지구상의 수많은 사람에게 선한 영향을 미칠 뿐 아니라 하나님에 대한 최고의 정보를 담고 있는 성경은 지옥이 분명히 존재한다고 말합니다. 솔직히 지옥에 대해서 말하는 것은 고통스러운 일입니다. 그냥 감성의 이끌림만 받는다면 지옥이 없으면 좋겠다는 생각에 도달합니다. 누군가가 그 어둡고 악하고 고통스러운 곳에서 영원을 보낸다는 생각은 우리가 감당하기 힘든 생각입니다. 특별히 그 누군가가 우리의 가족이나 지인이라면 더욱 그렇습니다.

그러나 진리의 말씀인 성경은 지옥이 있다고 증언합니다. 그리고 놀랍게도 성경에서 지옥에 대해 가장 많은 말씀을 하신 분은 다름 아닌 예수님이십니다. 예수님이 왜 그러셨을까요? 사랑이 없어서일까요? 남의 고통에 무심하거나 아니면 누군가의 고통을 즐기기 때문일까요? 이단의 교주들처럼 겁을 주어서 사람들을 조종하기 원했던 것일까요? 아닙니다. 우리가 복음서에서 만나는 예수님은 그런 분이 아닙니다. 만약 그랬다면 그분은 세계 4대 성인으로도 인정받지 못했을 것입니다. 아시다시피 그분의 도덕적 삶은 완벽했습니다. 그분의 적대 세력들도 이 사실을 인정했습니다. 그분은 재산을 축적하지 않았고 입신양명을 꾀하지도 않았으며 자신의 유익을 위해 사람들을 이용하지 않았습니다. 그분은 가난하고 소외된 자들의 친구가 되셨고 기득권자들의 위선과 횡포에

과감히 대항했으며 결국은 자신의 목숨을 많은 사람의 대속물로 내어놓으셨습니다.

그렇다면 그런 그분이 왜 지옥에 대해 그렇게 많은 말씀을 하셨을까요? 제가 생각할 수 있는 이유는 딱 하나입니다. 그것은 그분이 지옥의 존재를 확실하고도 분명하게 아셨기 때문입니다. 그분은 지옥의 현실과 그 끔찍함을 누구보다 더 잘 아셨습니다. 왜냐하면 그분은 영적 현실을 꿰고 계시는 하나님의 아들이기 때문입니다. 그곳은 최종적 심판의 장소이고 영원히 끝나지 않을 형벌의 장소이며 최악 상태의 사람들이 모인 최악의 사회임을 그분은 아셨습니다. 그리고 그분은 그 누구도 그런 지옥에 가기를 원하지 않으셨습니다. 왜냐하면 그분은 우리를 맹렬하게 사랑하시기 때문입니다. 그래서 그분은 지옥에 대해 수시로 말씀하셨고 경고하신 것입니다. 마태복음 5:29-30에 기록된 다음의 말씀이 그 한 예입니다.

네 오른 눈이 너로 하여금 죄를 짓게 하거든 **빼서 내버려라**. 신체의 한 부분을 잃는 것이 온 몸이 지옥에 던져지는 것보다 더 낫다. 또 네 오른손이 너로 하여금 죄를 짓게 하거든 찍

어서 내버려라. 신체의 한 부분을 잃는 것이 온몸이 지옥에 던져지는 것보다 더 낫다.

이것은 실제로 그렇게 하라는 명령이라기보다는 지옥의 현실이 그 정도로 엄중하고 비참하니까 어떻게든 거기 가지 말라는 경고와 호소의 말씀입니다. 우리가 이 땅에서 당할 어떤 끔찍한 현실도 지옥에는 비기지 못할 것이기 때문에 모든 수단을 다 동원해서라도 거기는 절대 가지 말라는 것입니다.

지옥에 대해 말하는 것이 예수님에게 유쾌한 일이었을까요? 결코 그렇지 않았을 것입니다. 그럼에도 불구하고 그분은 그것에 대해 말씀하셔야만 했습니다. 왜냐하면 그것은 사실이기 때문입니다. 그리고 참된 사랑은 진실을 은폐하지 않기 때문입니다. 우리는 암이 발견되었는데도 그 사실을 말하지 않고 좋은 말만 하는 의사를 사랑이 많다고 말하지 않습니다. 앞에 있는 도로가 끊어진 줄 알면서 지나가는 차에게 미소로 인사만 하고 전혀 경고하지 않는 인부를 예의 바른 사람이라고 칭찬하지 않습니다. 그들은 최악의 직무유기를 한 사람들입니다. 그들은 무책임할 뿐 아니라 아주 악한 사람들입니다. 예수님은 힘들고 불편하지만 우리를 그만큼 사랑하기 때문에 진실을 말씀해주신 것입니다.

그뿐만이 아닙니다. 그분은 우리를 지옥에 가지 않도록 하기 위해 십자가에 달려 대신 고통받고 죽으셨습니다. 인간이 받을 수 있는 가장 끔찍한 육체적인 고통은 물론 하나님 아버지와 분리되는 "지옥"을 경험하신 것입니다. 이는 하나님께서 인간이 지옥에 가는 것을 막기 위해 어떤 일까지 하셨는지를 잘 보여줍니다.

어떤 이들은 '사랑의 하나님이 사람들을 지옥에 보낼 리가 없어'라고 스스로 생각하며 지옥의 경고에 신경을 쓰지 않습니다. 하나님이 사랑의 하나님인 것은 맞습니다. 그렇기 때문에 그 소중한 당신의 독생자를 우리를 위해 내어 주셨겠지요. 그러나 하나님의 그 사랑은 우리가 생각하는 감상적이고 무책임한 사랑이 아닙니다. 우리가 어떻게 하든지 그냥 어깨를 으쓱하며 우리의 행동을 눈감아주는 그런 사랑이 아니라는 말입니다. 그분의 사랑은 거룩한 사랑입니다. 당신의 사랑하는 자녀를 파괴시키는 악에 분노하는 사랑입니다.

뿐만 아니라 하나님은 공의의 하나님이십니다. 그분은 죄를 반드시 심판하셔야 하는 분이십니다. 생각해보십시오. 캄보디아의 킬링필드나 육백만의 유대인을 죽게 한 아우슈비츠, 또는 최근 대한민국에서 수시로 자행되는 어린이 성범죄 등에 대해 하나님께서 그냥 눈을 감고 넘어간다면 그 하나님을 하나님이라고 부를 수 있을까요? 만약 독일이나 일본과 같은 세계대전 전범국의 범죄자들이 끝까지 회개하지 않고 버티는데 용서라는 이름으로 그냥 묻어버린다면 피해국의 일원으로서 당신은 그 일을 기뻐할 수 있을까요? 그럴 수 없을 것입니다. 당신은 모든 잘못이 바로잡히고 정의가 실현되기를 바랄 것입니다. 하나님도 같은 생각이십니다. 그래서 심판이 있고 그래서 지옥이 있는 것입니다.

지옥은 있습니다. 사탄과 모든 악이 거기 갇힐 것입니다. 뿐만 아니라 끝까지 회개하지 않고 하나님의 십자가 사랑을 완강히 거부하는 모든 이들이 거기서 영원히 형벌을 받게 될 것입니다. 그들이 늘 원했던 것처럼 하나님과 아무 상관없이 살게 될 것입니다. 웃음, 따사로운 햇살, 시원한 바람, 아름다운 멜로디 등의 하나님께서 주시는 모든 일반 은총에서 분리된 채 영원을 보내게 될 것입니다. 예수님께서는 거기 "바깥 어두운 곳에서 슬피 울며 이를 갈이 있으리라"라고 경고하셨습니다.

    제발 지옥에 가지 마십시오. 하나님은 당신이 그곳에 가기를 원치 않습니다. 그래서 예수님을 보내 경고하신 것입니다. 그래서 예수님을 당신 대신 그 참혹한 십자가에 매달아 죽게 하신 것입니다. 당신에겐 아직도 기회가 있습니다. 지금 당신의 죄를 뉘우치고 돌이켜 겸손히 하나님께로 나오십시오. 십자가에서 나타난 하나님의 사랑을 거절하지 말고 마음을 활짝 열어 믿음으로 받아들이기 바랍니다. 만약 그렇게 하지 않는다면 하나님도 억지로 강요하지는 않을 것입니다. 왜냐하면 사랑은 강요해서 될 문제가 아니기 때문입니다. 왜냐하면 하나님은 우리를 자유롭고 인격적인 존재로 대우하시기 때문입니다. 하나님의 애끓는 마음을 품고 호소하는 바울의 글을 마지막으로 인용합니다.

    우리는 그리스도를 대리하여 간청합니다. 여러분은 하나님과 화해하십시오. 하나님께서는 죄를 모르시는 분에게 우리 대신으로 죄를 씌우셨습니다. 그것은 우리가 그리스도 안에서 하나님의 의가 되게 하시려는 것입니다. 우리는 하나님과 함께 일하는 사람으로서 여러분에게 권면합니다. 하나님의 은혜를 헛되이 받지 않도록 하십시오... 지금이야말로 은혜의 때요, 지금이야말로 구원의 날입니다(고후 5:20-6:2).

하나님은 지금 이 순간 우리 모두에게 자비를 베푸시며 모두가 하나님 알기를 원하십니다. 그리고 지금 그 아들 예수 그리스도를 통해 하나님과 화목하라고 호소하십니다. 그 누구도 지옥에 갈 필요가 없습니다. 바로 지금 구원과 은혜의 문이 활짝 열려 있습니다. 그러나 기억하십시오. 그것이 영원히 열려있지는 않을 것이라는 사실을...

09_

회개
Repentance

미국의 로스앤젤레스에 가면 수정교회라는 유명한 교회가 있습니다. 안타깝게도 지금은 재정 문제로 가톨릭교회에 그 건물이 넘어가고 말았지요. 그 교회는 전체 외벽이 유리로 된 독특하고 아름다운 예배당을 가지고 있습니다. 그것으로 인해 세계적 관광명소가 되었습니다. 디즈니랜드 근처에 위치해서 그런지 주일이면 그 큰 예배당 좌석의 반이 관광객으로 채워졌다고 합니다. 그 교회의 개척자요 오랫동안 담임 목회를 했던 로버트 슐러Robert Schuller 목사는 그 교회의 건물만큼이나 유명한 분입니다. 그는 "자존감의 복음"을 전파하여 많은 논란을 일으켰는데 기본적으로 사람의 문제는 망가진 자존감에 있기 때문에 이 자존감을 회복하는 것이 구원이라고 주장했습니다. 그래서 그는 사람의 자존감을 상하게 하는 죄나 회개와 같은 용어를 일절 입에 올리지 않았습니다.

미국 휴스턴의 레이크우드 교회를 수만 명이 모이는 대형 교회로 키우고 『긍정의 힘』이라는 초대형 베스트셀러를 써서 세계적으로 유명해진 조엘 오스틴Joel Osteen이라는 50대의 목사도 로버트 슐러와 이 부분에서 크게 다르지 않습니다. 그 또한 우리 안의 긍정적 에너지를 죽이는 부정적인 단어들을 입에 올리기 좋아하지 않습니다. 그의 설교나 글에서 죄나 회개, 심판, 지옥과 같은 단어들을 접한 적이 없습니다. 그와 그를 추종하는 사람들에게 그것은 금기어나 다름없습니다. 그것은 중세에나 통할법한 끔찍한 단어들입니다.

사실은 로버트 슐러나 조엘 오스틴만이 아닙니다. 현대의 대다수 사람은 그런 말을 좋아하지 않습니다. 슐러나 조엘 오스틴 같은 사람이 세계적 명사가 되고 미국은 물론 전 세계적으로 셀 수 없는 추종자를 가진 것은 대중들의 정서가 어디에 있는지를 잘 보여주는 한 예입니다. 그런 문화적 상황을 감안해볼 때 기독교 복음이 회개를 요구한다는 주장은 많은 사람을 불편하게 만들 것이 뻔합니다. 그래서 그런지 요즈음 복음에서 회개를 빼려는 시도가 여러 가지 모습으로 자행되고 있습니다. 도처에서 독일의 순교자인 본회퍼가 말한 "값싼 은혜"의 복음이 전해집니다. 회개 없는 용서가 마구 제공되고 있습니다.

그러나 회개는 기독교 복음의 핵심입니다. 이는 예수님의 복음 전도 사역을 보면 쉽게 알 수 있습니다. 마가는 자신의 복음서에서 예수님의 초기 갈릴리 사역을 이렇게 소개합니다.

> 요한이 잡힌 뒤에, 예수께서 갈릴리에 오셔서 하나님의 복음을 선포하셨다. "때가 찼다. 하나님의 나라가 가까이 왔다. 회개하여라. 복음을 믿어라(마 1:14-15)."

예수님은 복음을 믿으라고 하시기 전에 먼저 회개할 것을 요구하셨습니다.

이와 같은 일은 복음서의 여러 다른 곳에서 찾아볼 수 있습니다. 그러면 그분의 제자들은 어떻게 했을까요? 스승이신 예수님께서 이처럼 회개를 요구하셨으니 그 제자들도 당연히 그 뒤를 따랐습니다. 처음 교회가 탄생했던 그 날, 곧 주후 33년 5월의 오순절 날, 성령의 충만함을 받은 베드로는 유대교의 절기를 지키기 위해 세계 각지에서 예루살렘으로 몰려든 유대인들에게 예수 그리스도의 십자가 복음을 담대히 전했습니다. 그 메시지를 들은 사람들은 마음이 찔려 "형제들이여, 우리가 어떻게 하면 좋겠습니까?"하고 베드로와 사도들에게 물었습니다. 베드로의 대답이 무엇이었을까요? 그가 가장 먼저 했던 한마디는 바로 "회개하십시오"라는 것이었습니다.

그럼 무엇이 회개입니까? 도대체 어떻게 하는 것이 회개하는 것일까요? 많은 사람이 회개라는 단어를 모르지 않고 또 종종 사용하기도 하지만 그 의미를 정확히 파악하지 못하고 있는 경우가 많습니다. 아마 가장 빈번한 오해는 회개를 감정적인 경험과 동일시하는 것입니다. 울고불고 소리 지르며 눈물 콧물 다 흘리는 것이 회개라고 생각합니다. 우리나라 사람들은 감정적이라 이런 반응에 상당히 익숙합니다. 혹시 부흥회 같은 데 가보셨나요? 그야말로 "회개"의 "도가니탕"입니다. 그러나 그렇게 한 사람들이 예배당만 나오면 교회 주차장에서부터 싸우고 식구들에게 성질냅니다. 분위기에 취해 울면서 예수 믿겠다고 고백했다가 돌아서서는 딴소리합니다. 물론 회개에는 감정적인 반응이 따르겠지만, 그리고 그

감정적인 반응이 사람마다 다 다르지만 회개는 감정적인 반응 그 이상입니다. 우리는 어떤 사람이 특정한 감정적인 반응을 하였다고 해서 회개했다거나 또는 반대로 그렇게 하지 않았기 때문에 회개하지 않았다고 단정하지 말아야 합니다. 그것으로는 회개의 여부를 판단하기가 힘들기 때문입니다.

회개란 도대체 무슨 뜻일까요? 신약성경의 원래 언어인 헬라어(그리스어) 단어를 살펴보는 것이 순서일 것 같습니다. "회개"로 번역된 헬라어는 "메타노이아"$\mu\varepsilon\tau\alpha\nu o\iota\alpha$인데 이는 변화라는 의미의 헬라어 메타$_{meta}$와 정신이라는 의미의 헬라어 누스$_{nous}$가 결합된 단어입니다. 어근의 의미만을 살피자면 그것은 문자적으로 '생각의 변화'$_{change\ of\ mind}$라는 뜻을 지니고 있습니다. 고로 문자적인 의미만을 보면 회개는 생각의 변화라는 개념을 그 기초에 깔고 있다고 볼 수 있겠지요. 이를테면 자기 자신에 대한 생각의 변화, 죄에 대한 생각의 변화, 예수님에 대한 생각의 변화 등입니다. 자신이 괜찮은 사람이라고 생각했는데 불현듯 죄인인 자신의 모습을 보는 것입니다. 남들이 다 하는 바람에 어떤 것들은 죄라고 생각하지 못했는데 그게 죄라는 사실을 깨닫게 되는 것입니다.

예수님을 4대 성인쯤으로 생각했는데, 심지어는 신화적 인물로 생각했는데 생각을 바꾸어 그분을 하나님의 아들이며 구원자로 보는 것입니다. 이처럼 생각의 변화는 복음을 받아들이는 과정에서 중요합니다.

그러나 회개는 '생각의 변화' 그 이상의 의미를 담고 있습니다. 학자들에 의하면 신약에서 메타노이아라는 단어는 구약의 히브리 단어 슈브ショ,shub와 같은 의미로 사용되고 있는데 그 단어의 뜻은 '돌이킴'이라는 것입니다. 따라서 진정한 회개란 돌이키는 것입니다. 내적인 변화로부터 촉발된 돌이킴, 즉 죄로부터 하나님에게로의 돌이킴입니다. 목자 없는 양처럼 내 마음대로 죄의 길을 가다가, 또는 방향을 잃고 헤매다가 거기에서 돌이켜 하나님에게로 가는 것입니다.

회개가 돌이킴이기 때문에 단순한 후회는 회개가 아님을 우리는 알아야 합니다. 후회는 자신이 한 잘못에 대해 자책은 하지만 돌이키지 않습니다. 그러나 회개는 잘못을 뉘우치며 그것에서부터 돌이킵니다. 운전의 비유를 사용하자면 회개는 차를 몰고 가다가 잘못된 방향으로 가는 것을 깨닫고 즉시 유턴하여 제대로 된 방향으로 돌이키는 것과 같습니다.

그러나 후회는 잘못된 방향으로 가는 줄 알면서도 그냥 탄식만 하며 계속 가는 것에 비유할 수 있습니다. 가롯 유다는 후회했지만 회개하지 않았던 전형적 인물입니다. 그는 자책했지만 주님께로 돌이키지 않았습니다. 그래서 안타깝게도 그냥 목매어 자살했던 것입니다.

참된 회개가 무엇인지를 잘 보여주는 이야기가 누가복음 15장에 있습니다. 거기에는 "탕자의 비유"로 알려진 한 이야기가 나옵니다. 예수님께서 직접 하신 이 이야기는 "잃어버린 자들"lost people에 대한 하나님의 애타는 마음을 잘 묘사합니다. 그 비유는 한 아버지에게 두 아들이 있었다는 소개로 시작합니다. 어느 날 작은 아들이 유산을 가불받아 먼 지방으로 떠납니다. 아버지가 아직도 살아계시는데 유산을 요구하는 불효막심한 짓을 한 것입니다. 그는 아무도 자기를 간섭하지 않는 타지에서 자유를 만끽하며 방탕한 삶을 살다가 가진 돈을 다 날려버립니다. 이처럼 아버지께 받은 재산을 탕진한 후 그는 비참한 상황에 처합니다. 돈도 떨어졌는데 큰 흉년까지 든 것입니다. 입에 풀칠이라도 하기 위해 자기네 나라에선 부정한 동물로 분류되어 입에도 잘 올리지 않는 더러운 돼지를 치며 굶주림에 시달립니다.

그러다가 그는 정신을 차리게 됩니다. '내가 여기서 도대체 뭘 하고 있지?'라는 생각이 불현듯 든 것이죠. 그는 즉시 자신의 비참한 삶을 청산하고 자리에서 일어나 참회하는 마음으로 아버지의 집으로 돌이킵니다. 아버지의 아들이라고 불릴 자격이 없으니 품꾼의 하나로라도 삼아주면 좋겠다는 마음을 가지고 돌아갑니다. 이것이 바로 회개입니다.

하나님은 우리가 회개하기를 원하십니다. 다시 말해 방향을 돌이켜 하나님 아버지의 품으로 돌아오기를 원하십니다. 당신은 회개하였습니까? 만약 회개가 죄로부터 하나님에게로의 돌이킴이라면 참된 회개는 죄에 대한 인정을 반드시 전제해야 합니다. 존 맥아더가 말한 것처럼 우리는 그리스도에게 달려가기 전에 "자신의 절망적인 죄성을 깨닫고 이를 증오하는" 과정이 필요합니다. 죄를 죄로 인정하지 못하면 회개는 불가능합니다. 스스로 건강하다고 생각하는 사람이 의사에게 갈 리가 없듯이 자신의 죄를 인정하지 않는 사람은 돌이켜 하나님께로 나아가지 않을 것입니다. 다시 말해 회개하지 않을 것이라는 말씀입니다.

죄를 정당화하거나, 그럴듯한 말로 둘러대거나 또는 변명하고자 하는 충동을 물리치십시오. 누군가를 탓하거나 핑계를 대지도 마십시오. 그것은 아무에게도 도움이 되지 않습니다. 오히려 죄를 죄로 인정하고 진심으로 참회하는 가운데 그 길에서 돌이켜 하나님께로 나가십시오. 그것이 제대로 된 회개입니다. 그런 회개가 있을 때 탕자의 비유에서 보듯이 아버지 하나님의 관대한 용서가 주어질 것입니다. 그런 회개가 있을 때 영혼의 잔치를 만끽하며 화해와 회복과 기쁨을 경험할 수 있을 것입니다. 그런 회개가 있을 때 그저 말이나 지식에 머무르고 마는 "값싼 은혜"cheap grace가 아닌 마음을 움직이고 삶을 뒤바꾸는 하나님의 "값을 매길 수 없는 은혜"priceless grace를 누릴 수 있을 것입니다.

당신은 회개했습니까? 진정으로 돌이켰나요? 만약 그렇게 하지 않았다면 머뭇거리지 말고 지금 그렇게 하십시오. 아버지의 집에서 더 멀어지기 전에 핸들을 꺾기 바랍니다. 잘못된 길로 가고 있다면 빨리 돌이킬수록 좋은 법이니까요.

10_

믿음의 필요성

Necessity of Faith

언젠가 신학교에서 수업을 하는데 한 학생이 이런 질문을 했습니다. "예수님께서 우리 죄를 사하기 위해 십자가에 못 박혀 죽으셨다면 우리가 믿든지 믿지 않든지 죄가 용서된 것이 아닙니까? 만약 그렇다면 우리의 믿음과 상관없이 모든 사람이 구원을 받아야 하는 것이 맞지 않나요?"

이 학생의 질문은 열띤 토론을 불러일으켰습니다. 저는 그의 질문에 이렇게 대답했습니다. "만약 하나님께서 우리의 믿음을 요구하시지 않았다면 그 말이 맞을지 모릅니다. 그러나 하나님께서 믿음을 요구하셨기 때문에 설사 예수님의 속죄로 모든 사람을 위해 죗값이 다 지불되었다 하더라도 각자가 믿음으로 응답하지 않으면 그게 자기 것이 되지 않습니다."

저의 설명이 그 학생을 얼마나 이해시켰는지 모릅니다.

동일한 질문을 가진 분이 있을지 몰라 부연해서 설명을 할까 합니다. 이것은 마치 세계 최고의 한 부자가 순수한 호의로 온 인류에 속한 각 사람을 위해 엄청난 비용을 들여 큰 선물을 준비하고는 그것을 받아가라고 말하는 것과 같습니다. 이미 값은 지불되었습니다. 각 사람을 위한 선물도 마련되었습니다. 그러나 어떤 이유에서든 그 관대한 호의를 무시하고 그것을 받아가지 않는 사람에게 그 선물은 자기 것이 되지 않습니다.

우리의 반응과 상관없이 구원의 자동적인 성취를 원하는 사람들, '믿든지 안 믿든지 결국은 모든 사람이 구원받을 거야'라고 막연히 생각하는 사람들에게 믿음의 요구 조건은 불편한 꼬리표입니다. 그러나 복음은 분명히 우리 각자의 믿음을 요구합니다. 성경의 핵심 메시지를 한 구절에 요약했다는 요한복음 3장 16절만 봐도 이를 어렵지 않게 알 수 있습니다. "하나님께서 세상을 이처럼 사랑하셔서 외아들을 주셨으니, 이는 그를 믿는 사람마다 멸망하지 않고 영생을 얻게 하려는 것이다." 믿음과 상관없이 영생을 얻는 것이 아니라 누구든지 믿는 자가 영생을 얻는다고 분명히 말씀합니다.

여기에는 기독교 복음의 개방성과 제한성이 동시에 있습니다. "누구든지"는 복음의 개방성을 나타냅니다. 복음은 사람을 차별하지 않습니다. 공부를 많이 했든 적게 했든, 종교적이든 비종교적이든, 돈이 많든 적든, 남자든 여자든, 백인이든 흑인이든 황인이든, 도덕적이든 아니든 상관이 없습니다. 신분과 성별과 인종과 배경과 학식 등에 상관없이 누구든지 영생을 얻을 수 있고 구원을 받을 수 있습니다. 그런 면에서 보면 복음의 문은 활짝 열려 있습니다.

그러나 복음에는 제한성도 있습니다. 그것은 예수 그리스도를 믿어야 한다는 것입니다. 그분만이 하나님의 아들이며 하나님께서 우리에게 주신 사랑의 선물임을 믿어야 합니다. 그분이 나를 위해 내가 달려야 할 십자가에 달려 내 죗값을 치르고 죽으셨다가 사흘 만에 부활하셨음을 믿어야 합니다. 그분이 나의 구주요 주님이심을 믿어야 합니다.

어떤 분들은 복음이 은혜, 즉 "우리의 공로와 무관하게 주어지는 호의"가 아니냐고 항변합니다. 그런데 믿음을 요구한다면 그건 진짜 은혜가 아니라고 그들은 주장합니다. 은혜와 믿음을 같이 말하는 것은 모순이라고 지적합니다. 과연 그럴까요? 그렇지 않습니다. 믿음은 은혜에 반대되거나 서로 모순되는 개념이 아닙니다. 왜냐하면 믿음은 우리의 공로나 일이 아니기 때문입니다. 믿음은 하나님의 은혜에 대한 우리의 반응에 불과합니다. 그것은 그냥 누군가가 호의로 주는 선물을 받기 위해 손을 내미는 것과 같습니다.

많은 사람이 데이트 시절에 그런 경험을 가졌겠지만 누군가 자기 연인을 위해 붉은 장미꽃 다발을 준비했다고 합시다. 그가 모든 비용을 지불했습니다. 그냥 좋아서 합니다. 꼭 그래야 할 필요가 없었습니다. 애인이 요구한 적도 없었고 그것을 위해 일한 적도 없었습니다. 상대에 대한 사랑과 순전한 호의로 한 것입니다. 그 멋진 꽃다발을 건넸을 때 애인이 기뻐하면서 손을 뻗어 그것을 받았다고 합시다. 손을 뻗은 그 행위를 일이라고 할 수 있을까요? 손을 뻗었던 공로로 선물을 받았다고 자랑할 수 있을까요? 그럴 수 없습니다. 믿음은 은혜를 받는 수단이지 일이나 공로가 아닙니다. 그것은 구원에 필요하지만 도구이지 원인이 아닙니다. 그래서 사도 바울은 에베소 교회에 보내는 편지에서 그들이 "믿음을 통하여 은혜로 구원을 얻었다"라고 하면서 그것은 우리의 행위에서

난 것이 아니기 때문에 아무도 자랑할 수 없다고 분명히 말했습니다(엡 2:8-9). 만약 믿음이 우리의 공적이나 일이라면 그렇게 말씀할 수 없었을 것입니다.

하나님께서 이처럼 믿음을 요구하시는 것에 대해 불편해하기보다 오히려 우리는 기뻐해야 합니다. 그것은 하나님께서 우리를 인격적으로 대해주신다는 뜻이기 때문입니다. 만약 우리가 로봇과 같은 존재라면 그분은 그렇게 하시지 않았을 것입니다. 만약 우리를 비인격적으로 대하셨다면 마치 힘으로 누군가를 쓰러뜨리듯이, 우리의 반응과 상관없이 우리 마음을 점령하실 수도 있었겠지요. 그분은 못 하는 것이 없는 주권자이시니까요. 그러나 그분은 우리를 당신의 형상대로 만드시고 우리의 선택을 존중하십니다. 당신의 사랑과 은혜에 응답하라고 계속하여 설득하면서 우리의 반응을 기다리십니다. 하나님께서 우리에게 믿음을 요구하시는 것은 그분이 우리를 얼마나 존중하시는가를 보여주는 하나의 증거입니다.

하나님께서 우리에게 믿음을 요구하시는 또 하나의 이유는 구원이 단순한 법적 절차나 종교적 거래가 아니기 때문입니다. 어떤 사람들이 생각하는 것과 같이 구원은 그저 어떤 특별한 절차를 통해 죄를 용서받고 그냥 살다가 죽어서 천당 가는 것이 아닙니다. 구원은 그것보다 훨씬 더 큰 의미를 가지고 있습니다.

구원은 무엇보다 하나님과의 관계 회복입니다. 인간은 죄로 인해 하나님으로부터 멀어졌습니다. 부모에게 잘못을 범한 자식이 부모를 피하듯 우리는 그렇게 하나님의 얼굴을 피하며 삽니다. 거기다 하나님은 죄를 손톱만큼도 용납할 수 없으신 거룩한 분이시기 때문에 죄는 하나님과 우리와의 관계를 파괴한 것입니다. 사실 인간적인 차원에서도 죄는 소외와 관계의 분열을 일으킵니다. 구원이란 그렇게 하나님으로부터 멀어졌던 우리가 예수님의 십자가를 통해 다시 하나님께로 돌아오는 것입니다. 그리하여 그 하나님과 화해하여 이제 교제하고 동행하는 삶을 회복하는 것입니다. 거기에는 인격적인 신뢰가 요구됩니다. 쌍방 간의 교감이 필요합니다. 하나님께서는 외아들 예수 그리스도를 십자가에 매다는 희생을 통해 우리를 향한 사랑을 표현하셨고 우리는 그 사랑에 대해 믿음으로 반응해야 합니다. 그래야 하나님과의 화해가 이루어지는 것입니다. 다시 말해 구원이 이루어진다는 뜻입니다.

당신은 예수 그리스도가 당신을 능히 구원하실 수 있는 구주임을 믿으십니까? 당신을 구원하기 위해서 그분이 십자가에 달려 죽으셨음을 믿기 원하나요? 믿으십시오. 믿어야 구원이 이루어집니다. 당신이 당신의 배우자를 남편/아내로 맞을 때 그에 대해 모든 것을 알지 못하고 미래를 다 보지 못해도 믿음으로 그를 받아들였던 것처럼 예수님과 영적인 삶에 대해 모든 것을 다 알지 못하더라도 그분을 믿음으로 영접하십시오(사실 우리는 예수님과 구원, 그리고 영원한 세계와 같은 것들에 대해 결코 다 알 수 없습니다. 그리고 만약 다 알 수 있다면 믿음이라는 것이 필요가 없습니다. 믿음은 지금 눈에 보이지 않고 다 알지 못하는 것에 대한 우리의 반응입니다).

믿을 수 있는 능력은 이미 우리 안에 있습니다. 하나님께서 그 능력을 우리에게 주셨습니다. 그래서 우리는 수많은 것들을 믿고 삽니다. 믿음 없이 인생은 불가능합니다. 당신은 매일 당신이 건너는 다리에 대해 다 알지 못하지만 그 다리가 안전할 줄 믿고 그 다리를 건너갑니다. 당신이 앉는 의자의 무게나 구조를 세세히 다 알지 못하지만 그것이 내 체중을 받쳐줄 줄 믿고 당신의 몸을 그 의자에 의지합니다. 당신의 미용사가 가위나 면도칼 같은 위험한 물건을 들고 있어도 편안하게 당신의 머리를 맡기고 때로는 잠을 자기도 합니다. 믿음이 없으면 불가능한 일입니다.

이제 그 믿음을 예수 그리스도에 대해 행사하십시오. 그분은 믿을만한 분이십니다. 당신이 믿는 그 어떤 것이나 존재보다 더 믿을만한 분이십니다. 그분에 대한 이야기는 성경에만 나오는 것이 아니라 요세푸스나 타키투스, 수에토니우스와 같은 1세기 역사가의 책에도 나옵니다. 5장에서 설명한 것처럼 그분의 부활은 2천 년 동안 수많은 회의론자의 면밀한 검증과 조사에도 불구하고 빈 무덤의 증거, 기독교 기원과 폭발적 성장에 대한 증거를 비롯한 신빙성 있는 많은 증거로 수많은 사람을 믿음으로 이끌었습니다.

그뿐만이 아닙니다. 지난 이천 년의 역사를 보십시오. 예수님이 아니었다면 세상은 지금과는 매우 다른 모습을 하고 있을 것입니다. 예수 그리스도만큼 인류의 의식과 문화에 긍정적인 영향을 미친 존재는 없습니다. 예일대학교의 사학자 야로슬라브 펠리칸Jaroslav Pelikan이 재미있게 표현한 것처럼 "예수의 이름이 흔적이라도 남아있는 쇳조각을 초강력 자석으로 역사에서 전부 다 끌어올릴 수 있다면" 남는 것은 거의 없을 것입니다. 그만큼 그분은 지난 이천 년 동안 인류 역사의 지배적 인물이었습니다. 특별히 서구의 역사는 그분을 빼고 설명할 수가 없습니다. 이는 그분을 믿는 사람이건 그렇지 않은 사람이건 인정하지 않을 수 없는 역사적 사실입니다.

더 나아가 헤아릴 수 없이 많은 사람이 그분을 믿어 변화되었습니다. 시대와 인종과 신분과 성별을 초월하여 수많은 사람이 자기들의 삶과 말을 통하여 그분이 정말 믿을만한 분임을 증거해왔으며 지금도 그렇게 하고 있습니다. 예수 그리스도를 믿으십시오. 그래야 하나님께서 독생자의 십자가 희생이라는 엄청난 값을 지불하고 마련하신 구원의 선물이 당신의 것이 됩니다. 그래야 그동안 당신의 죄와 불신과 반역으로 소원해졌던 하나님과의 관계가 다시 회복될 수 있습니다. 당신의 인생에서 가장 중요한 관계이며 모든 관계의 기초가 되는 그 관계가 회복될 수 있다는 말입니다. 믿으십시오.

제발 믿으십시오. 하나님이 원하십니다. 애타고 간절한 마음으로 그분이 당신의 믿음을 원하십니다. 그리하여 당신과의 관계를 회복하고 당신의 삶에 친밀히 동행하기를 원하십니다. 놀랍게도 온 우주의 주권자가 당신과 영원을 함께 보내길 원하십니다.

그러니 더 미루지 말고 지금 믿음으로 하나님께 나가시기 바랍니다. 그 믿음이 당신을 살게 합니다. 당신을 위해 죽었다가 다시 사신 예수 그리스도에 대한 그 믿음이 하나님 앞에서 당신을 의로운 자로 인정받게 합니다. 당신의 "의로운" 행위가 아닌 완벽하게 의로우신 예수 그리스도에 대한 믿음이 당신을 하나님 앞에 세워줍니다. 그렇습니다. "오직 의인은 믿음으로 말미암아" 살게 됩니다(롬 1:17).

믿음이 없이는 하나님을 기쁘게 해드릴 수 없습니다. 하나님께
나아가는 사람은, 하나님이 계시다는 것과, 하나님은 자기를
찾는 사람들에게 상을 주시는 분이시라는 것을 믿어야 합니다.
And without faith it is impossible to please God, because
anyone who comes to him must believe that he exists and
that he rewards those who earnestly seek him.

가장 아름다운 소식, 복음

11_

믿음의 의미

Meaning of Faith

외국에서 온 선교사들이 가장 먼저 배우는 한국말은 "믿습니다"라는 말이라고 합니다. 그것도 그냥 "믿습니다"가 아니라 힘을 잔뜩 주어 "미잇씁니다"라고 발음하는 그 말을 배운다는 것입니다. 이 이야기는 한국 교인들이 그만큼 믿는다는 말을 자주 사용한다는 사실을 말해줍니다. 뿐만이 아닙니다. 우리 한국 교인들은 스스로의 정체를 밝힐 때도 "믿는 사람"이라는 표현을 즐겨 사용합니다. 이처럼 믿는다는 말을 자주 사용하지만 문제는 그것이 어떤 의미인지를 정확히 이해하거나 파악하는 사람이 그리 많지 않다는 것입니다.

믿는다는 것이 도대체 무슨 의미일까요? 특별히 기독교에서 말하는 예수 그리스도로 인한 구원과 연관해서 믿음의 의미는 무엇일까요? 바로 앞 장에서 우리는 기독교의 복음이 그 복음을 받는 각 사람의 믿음을 요구한다는 사실을 보았습니다. 에베소서 2장 8절의 말씀을 다시 한번 찬찬히 읽어볼까요? "여러분은 믿음을 통하여 은혜로 구원을 얻었습니다. 이것은 여러분에게서 난 것이 아니요, 하나님의 선물입니다." 사도 바울은 여기서 믿음을 통하여 구원을 얻게 된다고 분명히 말씀합니다. 그 외에도 여러 구절을 인용할 수 있겠지만 요점은 기독교의 복음이 구원을 위해 각 사람의 믿음을 요구한다는 것입니다. 우리는 믿어야 구원을 받을 수 있습니다.

그렇다면 어떻게 하는 것이 믿는 것일까요? 바로 이 질문에 대한 대답에서 수많은 이견과 혼란이 존재합니다. 지적 동의에서 전적인 헌신까지 그 견해들은 실로 다양합니다. 따라서 정확하게 정의되지 않은 믿음 그 자체가 많은 사람에게 불편한 감정을 야기합니다. 특별히 믿음을 잘못된 방식으로 이해하고 있는 사람들에게는 복음이 규정하는 믿음의 성격, 그 자체가 불편한 진실입니다.

그러면 복음이 규정하는 믿음의 성격은 어떤 것일까요? 믿음을 바르게 이해하기 위해 믿음이 아닌 것부터 생각하는 것이 좋겠습니다. 먼저 믿음은 종교 행위가 아닙니다. 교회에 오고 헌금을 내는 등의 행위를 믿음이라고 이해해서는 안 됩니다. 그것들은 믿음의 표현 또는 결과일 수 있습니다. 그러나 종교 행위 그 자체가 믿음은 아닙니다. 사람들은 신에 대한 믿음이 없어도 종교 행위를 할 수 있습니다. 그것도 아주 열심히 할 수 있습니다.

믿음은 또한 단순한 지적 동의가 아닙니다. 어떤 정보를 지식적으로 이해하는 것이 믿음은 아니라는 말씀입니다. 어떤 것을 믿기 위해서는 지식적인 이해가 필요합니다. 그러나 지적인 동의 그 자체가 믿음은 아닙니다. 오늘날 교회에 다니는 많은 사람이 복음의 내용에 대해 익히 들었기 때문에 이를 잘 알고 있을 수 있습니다. 모태부터 교회에 나갔다는 소위 "모태신앙인"들은 더욱더 그럴 것입니다. 자신이 죄인이라는 사실, 죄에는 형벌이 따른다는 사실, 그 죄를 위해 예수님께서 대신 십자가를 지신 사실 등을 듣고 머리로 이해합니다. 그럴듯하다며 고개를 끄덕이기도 합니다. 그러나 그것만으로는 믿음이 아닙니다.

어떤 사람들은 복음의 내용을 듣고 영접 기도를 하기도 합니다. 그러면서 자기가 이제 믿는다고 말하기도 합니다. 그러나 믿음은 그 이상입니다. 저는 지금까지 정말 많은 사람과 복음 상담을 했습니다. 어떤 사람은 복음을 들으면서 고개를 끄덕이고 어떤 사람은 "예" 또는 "아멘"이라고 대답을 합니다. 그리고는 같이 영접 기도도 합니다. 그러나 그런 사람들 가운데 나중에 진짜 믿음을 가진 후, 자신의 과거를 돌이켜보며 그 당시 자기가 제대로 믿었던 것이 아니라고 고백하는 사람들이 있습니다. 지난해 자신의 신앙과 구원의 경험을 간증해서 큰 화제가 되었던 가수 박진영 씨는 구도의 과정 가운데 자신이 "웬만한 신학대 졸업생 못지않게 성경을 잘 알고 있었고 성경과 그 속의 예수님을 구원자로 받아들였지만" 믿음을 가진 것이 아니었다고 말하기도 하였습니다. 기억하십시오. 단순한 지식이나 영접 기도는 믿음이 아닙니다. 지식이나 영접 기도가 필요하지만 믿음은 그 이상입니다.

뿐만 아니라 믿음은 신비적인 체험도 아닙니다. 방언을 하거나 어떤 음성을 듣거나 환상을 보는 것이 곧 믿음이라고 착각해서는 안 됩니다. 신비적인 체험이 단초가 되어 믿음을 가질 수 있고 그 반대로 믿음을 가짐에 따라 어떤 체험을 할 수도 있겠지만 신비적인 체험 그 자체가 믿음은 아닙니다. 많은 경우 신비적인 체험은 믿음과 상관없이 일어나기도 합니다. 예수님을 믿지 않는 사람들도 신비적인 체험을 합니다. 몰몬교 신자들도 방언을 합니다. 성경에 의하면 마귀도 자신을 광명의 천사로 가장하며 병을 고치거나 하늘에서 불이 떨어지는 식의 능력을 행하기도 합니다. 저는 예전에 예수님의 피 묻은 손이 자신의 머리에 안수 되는 환상을 보았다는 한 교인의 상담 요청을 받은 적이 있는데 결론만 말씀드리자면 그 사람은 당시 예수님을 믿지 않고 있었습니다. 우리 한국 사람들은 종교성이 많아 자꾸 신비적인 체험을 구하는 경향이 있는데 이는 매우 조심해야 할 경향성이라고 생각합니다. 마귀는 이런 사람들을 교묘하게 미혹할 것입니다.

마지막으로 믿음은 그냥 뜨거운 감정이 아닙니다. 믿음의 결과로 감정이 생길 수 있습니다. 그러나 감정 그 자체가 믿음은 아닙니다. 우리는 올림픽 때 애국가를 들으면서도 가슴이 울컥하는 뜨거운 감정을 느낄 수 있습니다. 뿐만 아니라 감정적인 표현은 사람의 성향에 따라 다 다릅니다. 어떤 사람은 작은 일에도 감정을 잘 드러내지만 여간한 일에도 자신의 감정을 드러내지 않는 사람도 있습니다. 성경에서도 복음을 받은 사람들의 감정 표현이 다 다름을 볼 수 있습니다. 감정에 기대지 말기 바랍니다. 만약 우리가 우리 자신의 감정에 믿음을 둔다면 그것은 하루에 열두 번도 더 변할 수 있습니다.

그렇다면 믿음은 무엇일까요? 한마디로 정의한다면 믿음이란 믿음의 대상에 대한 전인격적인 신뢰라고 할 수 있을 것입니다. 물론 지적인 동의가 있어야 합니다. 복음이 무엇인지 알고 그것에 동의해야 합니다. 복음을 듣지도 않고 그게 무엇인지 모르는데 어떻게 믿겠습니까? 자신이 죄인이라는 사실을 인정하고 그 죄에는 영원한 죽음이라는 대가가 있음을 알아야 합니다. 그리고 하나님의 아들 예수 그리스도께서 이해할 수 없는 사랑으로 나를 사랑하셨고 나를 구하기 위해 십자가를 지셔서 내 죄를 대속하셨다는 너무도 좋은 소식에 동의해야 합니다. 뿐만 아니라 예수님이 어떤 분인지도 알아야 합니다. 2,000년 전 이 땅에 오셔서 놀라운 기적과 죄 없는 삶으로 자신이 누구인가를 보여주시고 복음서 기자들뿐 아니라 타키투스와 같은 동시대 역사가들도 증언한 것처럼 로마 총독 빌라도 치하에서 십자가형을 당하신, 그러나 죽음의 권세를 이기고 다시 부활하여 많은 사람에게 나타나셨고, 그리하여 그 추종자들에게 불굴의 용기와 소망을 주셨던 분이심을 알아야 합니다.

이처럼 믿음에는 분명 지식이 필요합니다. 그러나 그것은 시작점에 불과합니다. 참된 믿음에는 신뢰와 의탁이라는 요소가 포함되어 있습니다. 내가 들은 복음을 겸손히 마음으로 받아들이고 구주 되신 예수 그리스도께 내 삶을 맡기는 신뢰의 의지적인 결단이 있어야 합니다. 그것이 없다면 이를 "구원하는 믿음"이라고 말할 수 없습니다.

몇 년 전에 세계적인 관심을 모았던 칠레 광부 구조사건을 기억하시나요? 광부들의 구조에 관한 모든 일은 구조대원들이 다 했습니다. 매몰된 광부들의 위치를 파악했고 구멍을 뚫었습니다. 그리고는 구조용 캡슐을 내려보냈습니다. 갇힌 광부들은 아무것도 하지 않았고 할 수도 없었습니다. 그러나 그들이 그 상황에서 구원받기 위해 해야 할 일이 하나 있었습니다. 그것은 바로 그 캡슐에 타는 일이었습니다. 위에서 내려준 그 캡슐을 신뢰하고 그 안에 들어가 몸을 맡기는 일이었습니다. 그것이 신뢰의 믿음입니다. 총신대 김창영 교수는 『구원받음』이라는 자신의 책에서 이 신뢰의 믿음을 이렇게 묘사합니다.

신뢰는 무엇입니까? 쉽게 설명하자면 서로의 등을 대고 기대는 것이 신뢰입니다. 자신의 등을 하나님의 등에 기대는 것입니다. 현재의 일과 미래에 벌어질 모든 일에 대해 온몸에 힘을 빼고 체중을 실어 자신의 등을 하나님의 등에 기대는 것입니다. 자신의 전 인격과 전 생애의 모든 것을 하나님께 전폭적으로 맡기는 것입니다. 이렇게 할 때에야 비로소 '내가 믿는다'라고 말할 수 있습니다.

이런 신뢰의 믿음이 참된 믿음이며 이런 믿음이 우리를 구원합니다. 예수님을 믿는다는 것이 무엇입니까? 그것은 하나님의 아들 예수 그리스도께서 나를 위해 하신 사실을 인정하고 그분께 나의 생명과 존재 자체, 그리고 더 나아가 나의 운명을 맡기는 것입니다.

물론 우리는 예수님과 함께 하는 나의 미래에 대해 다 알 수 없고 볼 수도 없습니다. 그러나 그럼에도 불구하고 우리는 믿을 수 있습니다. 사실 이런 일은 세상을 살면서 종종 겪는 일입니다. 결혼식을 예로 들어볼까요? 당신은 당신의 배우자를 완전히 다 파악하지 못합니다. 그와의 미래가 어떨지 알 수도 볼 수도 없습니다. 그럼에도 불구하고 그를 신뢰하며 그에게 당신의 인생을 맡깁니다. 그와 함께 가기로 결단합니다. 믿음이 없다면 결코 그렇게 할 수 없습니다. 우리는 인생의 많은 부분을 이렇게 믿음으로 삽니다. 믿음을 행사하지 않는다면 우리는 버스에 탈 수도, 치과에 갈 수도, 미용실에서 머리를 깎을 수도 없습니다. 믿고 맡기지 않는다면 삶은 불가능합니다.

때로 사람들은 우리의 믿음을 배반할 수 있습니다. 세상은 우리를 실망시킬 수 있습니다. 나를 행복하게 해줄 줄 알고 믿음으로 결혼 서약을 했는데 배우자가 오히려 나를 불행에 빠트릴 수 있습니다. 목적지까지 잘 데려다줄 줄 믿고 버스를 탔는데 그 기사가 졸면서 사고를 낼 수 있습니다. 치과의사에게 내 이를 맡겼는데 그가 의료사고를 낼 수도 있습니다. 이런 일들은 우리의 삶에서 종종 일어납니다.

그러나 예수님은 그와 같은 한갓 사람이 아닙니다. 그분은 우리를 구원하기 위해 사람이 되신 하나님이십니다. 그러므로 그분은 실수하지 않으십니다. 내 생명을 온전히 책임질 수 있을 정도로 믿을만한 분이십니다. 그분은 치과의사나 버스

기사보다, 우리의 배우자나 부모님보다 더 신뢰할만한, 아니 그런 존재와는 비교할 수조차 없이 믿을만한 분이십니다. 그분은 하나님의 아들이시며 우리를 능히 구원하실 수 있는 분이십니다. 당신이 당신의 운전기사나 배우자에게 믿음을 행사했다면 예수님에게 그러지 못할 이유는 없습니다. 하나님의 아들, 전능하신 구원자, 부활하신 생명의 주, 예수 그리스도를 신뢰하십시오. 이 세상의 그 어떤 존재보다 더 믿을만한 그분에게 당신을 맡기십시오. 시대와 문화와 인종과 성별을 막론하고 수많은 사람이 예수 그리스도에게 자신의 인생을 맡겼습니다. 그리고 구원과 자유와 인생의 목적과 풍성한 삶을 얻었습니다. 제발 예수님을 신뢰하고 당신의 운명을 그분에게 맡겨보십시오. 그분은 당신을 책임져주실 것입니다.

혹시 믿음이 약하다고 주저하십니까? 우리가 가진 믿음의 양이나 크기보다 더 중요한 것은 믿음의 대상이 가진 신실함입니다. 그가 얼마나 믿을만한가가 내 믿음의 크기보다 더 중요하다는 말씀입니다. 눈앞에 언 호수가 있다고 합시다. 만약 그 호수가 심하게 얼어있다면 그래서 얼음의 두께가 아주 두껍다면 약한 믿음을 가진 사람이라도 그 호수를 건너갈 수 있을 것입니다. 그러나 만약 살얼음이 얼어있다면 아무리 강한 믿음을 가져도 당신은 그 호수에 빠지고 말 것입니다. 예수님은 결코 깨어지지 않는 두꺼운 얼음과 같습니다. 당신이 가진 믿음의 양에 너무 신경 쓰지 말고 그냥 발을 내딛으십시오. 당신은 안전할 것입니다. 기억하십시오. 예수님은 당신의 구원과 안전과 삶과 영원을 충분히 책임질 수 있는 믿을만한 분이십니다. 사실 그분을 못 믿는다면 세상에 믿을 존재는 아무도 없습니다. 지금 그분을 당신의 구주로 믿고 신뢰하는 가운데 당신의 영원한 운명을 맡기십시오. 지금도 살아계셔서 하늘 보좌에 앉아계신 예수 그리스도가 당신을 구원하실 것이며 결코 당신의 손을 놓지 않으실 것입니다. 어느 찬송가의 가사처럼 그분의 품 안에서 당신의 영혼은 안전할 것입니다. 언제든, 어떤 상황에서든, 영원히 당신은 안전합니다. 그냥 믿고 맡기기만 한다면...

12_

하나님 나라

The Kingdom of God

흔히 복음이라고 하면 "예수 천당, 불신 지옥"이라는 문구가 떠오릅니다. 많은 사람은 복음이 이 땅에서의 삶과 별 상관이 없고 지옥 갈 죄인이 예수 믿고 죽은 후 천당 가는 것에 대한 메시지라고 생각합니다. 그런 생각에 의하면 복음은 기독교에 입문할 때 한번 듣고 믿으면 끝나는 어떤 것입니다. 복음을 믿으면 죄 용서와 구원을 받고 후일 죽어서 좋은 곳에 간다는 것입니다. 그 말은 꼭 틀린 건 아니지만 충분하지 않습니다. 안타깝게도 이런 복음은 사실상 삶에 별다른 영향을 끼치지 못합니다. 미국 서부의 사학 명문인 남 캘리포니아 대학USC에서 오랫동안 철학을 가르쳤던 기독교 철학자이자 영성 신학자인 달라스 윌라드Dallas Willard 박사는 이를 "죄 관리의 복음"the gospel of sin management이라고 명명했습니다. 이 복음에 의하면 사람이 복음을 믿을 때 죄의 기록이 말소되고 천국행 티켓을 받게 됩니다. 사는 동안에는 장롱에 그 티켓을 묻어 두었다가 죽을 때 가지고 가면 되는 것입니다.

그런데 예수님은 그저 "죄 관리의 복음" 정도를 전하신 것이 아닙니다. 그분은 "하나님 나라의 복음"을 전하셨습니다. 누가복음서에 보면 예수님은 자기 마을에 계속 머물면서 질병을 고쳐달라는 가버나움 사람들의 요청에 대해 하나님 나라의 복음을 전해야 하는 당신의 사명을 알리시며 이렇게 대답을 하십니다. "나는 다른 동네에서도 하나님 나라의 복음을 전해야 한다. 나는 이 일을 위하여 보내심을 받았기 때문이다(눅 4:43)." 또한 마가는 자신의 복음서에서 예수님이 선포한 하나님 나라의 복음을 다음과 같이 아주 간결하게 적고 있습니다. "때가 찼다. 하나님의 나라가 가까이 왔다. 회개하여라. 복음을 믿어라(막 1:15)."

그러면 하나님 나라의 복음은 정확하게 무엇입니까? 그것은 마가가 기록한 예수님의 말씀처럼 왕이신 예수 그리스도 안에서 하나님의 나라가 우리에게 임했다는 기쁜 소식입니다. 그 말은 다르게 표현하자면 예수 그리스도가 우리의 왕이 되셔서 다스리신다는 뜻입니다. 물론 그것은 우리를 위해

이 땅에 오셔서 십자가에 못 박혀 죽으셨다가 부활하신 그분을 자신의 주님이자 왕으로 받아들임을 전제하고 하는 말입니다. 그러므로 바울이 전한 십자가/부활의 복음과 하나님 나라의 복음은 서로 상충되는 것이 아닙니다.

하나님 나라의 복음을 이해하려면 성경에서 하나님의 나라가 무엇인가를 알아야 합니다. 구약에서도 여러 차례 언급된 하나님 나라는 영토적인 의미보다 통치권적 의미를 더 갖고 있기 때문에 하나님 나라는 바로 하나님의 다스림이라고 할 수 있습니다. 그런데 바로 그 통치권적 의미 때문에 하나님 나라의 복음이 어떤 사람들을 불편하게 합니다. 그들은 그냥 예수님을 믿고 죄의 용서를 받음으로 천국에 갈 자격을 확보하고는 사후 천국에 들어가는 것으로 만족합니다. 예수님이 자신의 왕이 되어 자기 인생에 개입하시고 다스리시는 것을 좋아하지 않는 것입니다. 예수님 때문에 천국에 가는 것은 좋지만 그분이 이래라저래라 하는 것은 영 마음에 들지 않습니다. 그래서 하나님 나라는 복음 속의 또 다른 불편한 진실입니다.

그러나 잘 생각해보십시오. 예수님께서 우리를 다스린다

는 개념이 그냥 불편하기만 한 것입니까? 그분이 나와 내 공동체의 왕이 되신다는 것이 억압적으로만 느껴지나요? 우리가 알아야 할 것은 만약 예수님이 우리를 다스리지 않는다면 다른 누군가 또는 무언가가 우리의 왕이 되어 우리를 다스릴 것입니다. 힘이나 사람이나 돈과 같은 것이 그 후보입니다. 유능한 기독교 강사요 작가인 레베카 피펫Rebecca Pippet의 다음과 같은 지적처럼 말입니다.

> 무엇이든 우리를 지배하는 것이 우리의 주인이다. 힘을 추구하는 자는 힘에 지배당한다. 인정받기를 바라는 자는 그가 호감을 사려는 이들에게 지배당한다. 우리는 스스로를 지배하는 게 아니라 우리 삶의 주인에게 지배당한다.

그런 지배자 가운데 현대인에게 가장 큰 힘을 행사하는 폭군은 아마 돈일 것입니다. 예수님도 말씀하신 것처럼 돈은 하나님의 강력한 라이벌입니다. 그분은 "아무도 두 주인을 섬기지 못한다"라고 하시면서 하나님과 돈을 그 예로 드셨습니다 (마 6:24). 실제로 돈에 매여 못 할 짓을 하고 자신의 영혼을 파는 사람들이 오늘날 얼마나 많습니까?

인간이 외부의 어떤 지배도 받지 않고 스스로를 다스릴 수 있다는 생각만큼 순진한 것도 없습니다. 솔직히 그 누구도 스스로를 제대로 다스릴 수 없습니다. 오늘날 수많은 사람이 중독의 문제로 고통을 겪습니다. 마약이나 알코올에 중독된 사람들, 포르노에 중독된 사람들, 게임에 중독된 사람들, 권력에 중독된 사람들, 특정한 음식에 중독된 사람들, 심지어 성형에 중독된 사람들 등을 우리는 봅니다. 그들은 다 자기들이 중독된 그것에 의해 다스림을 받는 사람들입니다. 그것에 끌려다니면서 어쩔 수 없어 합니다. 그러는 가운데 그들은 점점 더 망가져 갑니다.

스스로 다스린다고요? 질문해보십시오. 당신은 자신의 요동치는 마음을 다스릴 수 있습니까? 당신은 자신의 끝없는 욕심을 다스릴 수 있습니까? 저는 얼마 전에 "하나님, 그만 먹고 싶어요"라는 제목의 책을 본 적이 있습니다. 식욕을 다스릴 수가 없는 사람들을 위한 책임을 바로 알 수가 있었습니다. 마음으로부터 그 책 제목처럼 절규하고 있는 사람들이 얼마나 많을까요?

- "하나님, 그만 미워하고 싶어요."
- "하나님, 그만 화내고 싶어요."
- "하나님, 그만 질투하고 싶어요."
- "하나님, 그만 탐내고 싶어요."

인간은 스스로를 다스릴 수 없습니다. 누군가의 말처럼 자기 심장 박동 하나도 컨트롤하지 못하는 우리가 어떻게 우리 삶을 통제하며 다스립니까? 인간은 그만큼 약하고 무력합니다. 그런 우리가 무슨 수로 내 가정과 자녀와 교회와 더 큰 사회를 다스립니까? 하여 우리는 어쩔 수 없이 돈과 권력을 비롯한 수많은 외부 요인들의 해로운 지배 속으로 들어가는 것입니다.

따라서 이 모든 사실을 고려할 때 하나님이 우리를 다스리신다는 것은 우리가 피하고 싶은 불편한 진실이 아니라 오히려 쌍수를 들고 환영해야 할 기쁜 소식입니다. 그것은 우리 삶에 너무도 절실히 필요한, 그야말로 완벽한 리더가 생겼다는 뜻입니다. 죄의 폭정을 끝장내고 우리가 어떻게 할 수 없는 우리의 마음과 욕심을 통제할 수 있는 선하고 유능한 지도자가 내 삶의 왕좌에 앉으셨다는 뜻입니다. 앞에서 언급한 가짜 왕들에게서 우리를 해방시킬 수 있는 진짜 왕이 오셨다는 뜻입니다. 그렇습니다. 그분은 단지 사람의 사후에 그를 천국에만 보내주는 여행사 사장 같은 분이 아니라 이 땅의 문제 많은 삶에 찾아와 우리 각 사람과 공동체를 권능과 지혜로 다스리는 왕이십니다.

그러면 우리는 어떻게 하나님 나라를 실제로 경험할 수 있을까요? 먼저는 회개해야 합니다. 예수님은 하나님 나라의 도래를 알리며 회개하라고 하셨습니다. 이미 언급한 것처럼 회개한다는 말은 돌이킨다는 뜻입니다. 그럼 무엇에서 돌이켜야 할까요? 우리는 내가 내 삶의 주인이 되어 사는 자기중심성에서 돌이켜야 합니다. 윌리엄 어니스트 헨리William Ernest Henry의 유명한 시 《인빅투스》에는 "나는 내 운명의 주인, 나는 내 영혼의 선장"이라는 문구가 나옵니다. 오늘날 그리스도인이든 비그리스도인이든 수많은 사람이 그 문구에 "아멘"하며 살아갑니다. 우리는 그러한 삶의 태도에서 돌이켜야 합니다. 그리고 진짜 주인, 진짜 선장의 지도를 받아야 합니다.

예전에 "손님은 왕이다"라는 슬로건이 유행하던 때가 있었습니다. 사람들은 그 문구를 매우 좋아했고 실제로 왕처럼 군 사람들이 적지 않았습니다. 백화점 주차장에서 주차 요원을 무릎 꿇게 하는 사람, 비행기 객실에서 라면이 제대로 익지 않았다며 승무원을 폭행하는 사람 등 여러 군상의 사람들이 있었습니다. 그들은 자기들이 정말 왕이라도 된 줄로 생각했을지 모릅니다. 그러나 그 사람들만 그런 착각에 빠져 있을까요? 아닙니다. 우리 모두는 자기만의 영역에서 왕이 되고 싶어 하며 어떤 영역에선 자신의 왕권을 강하게 주장합니다. 그러나 우리는 왕이 아님을 기억해야 합니다. 우리에겐 제대로 모든 것을 다스릴 능력이 없습니다. 예수님만이 진정한 왕이십니다. 우리는 내가 왕이 되려는 그 경향성과 삶의 태도에서 돌이켜야 하며 예수님께 통치권을 양도해야 합니다.

우리는 또한 하나님의 나라가 임하도록 기도해야 합니다. 예수님은 제자들에게 기도를 가르치시면서 하나님의 나라가 오게 해 달라는 기도를 하라고 가르치셨습니다(마 6:10a). 그것은 미래의 종말론적 하나님 나라뿐 아니라 현재적 의미의 하나님 나라를 구하는 기도이기도 합니다. 그것은 "하나님, 내 삶의 왕좌에 좌정하셔서서 나를 다스려주십시오"라는 간구를 내포하고 있습니다. 저를 포함한 많은 그리스도인이 무언가를 달라고 하나님께 열심히 기도하지만 정작 하나님 나라의 임함을 위해서는 잘 기도하지 않습니다. 하나님이 자신의 삶에 왕이 되셔서 자기와 또 자신이 속한 공동체를 다스려달라는 기도를 잘 하지 않는 것입니다. 그래서 주기도문에 대한 강해 시리즈를 하는 가운데 "그 나라를 오게 하여 주시며"라는 부분에 대해 설교하면서 그 제목을 "우리가 거의 안 하는 기도"라고 붙인 기억이 납니다.

예수님은 그러나 우리가 반드시 이 기도를 해야 한다고 가르치셨습니다. 일용할 양식을 구하듯이 내 삶에 하나님의 나라를 구해야 합니다. 아니 일용할 양식을 구하기 이전에 하나님의 다스림을 먼저 구해야 합니다. 주기도문의 순서도 그렇게 되어 있지 않습니까? 일용할 양식도 중요하지만 하나님의 나라가 임하는 것이 더 중요합니다. 하나님 나라, 즉 하나님의 통치야말로 우리가 가장 우선으로 구해야 함을 우리는 기억해야 합니다.

마지막으로 우리는 하나님의 다스림에 복종해야 합니다.

그래야 하나님의 나라를 실제로 경험할 수 있습니다. 앞에서도 언급했지만 오늘날 많은 사람이 누군가의 다스림에 복종하는 것을 좋아하지 않습니다. 다스림이라는 단어도 그렇지만 복종이라는 단어를 혐오스럽게 생각하는 사람들이 적지 않습니다. 그들에게 그것은 강요된 의지의 굴복 외에 다름이 아닙니다. 복종은 곧 굴욕이 되어 버렸습니다.

그러나 복종은 그렇게 끔찍한 단어가 아닙니다. 어린 자녀가 자기를 사랑하는 선한 부모님의 권위에 복종하는 것은 참으로 아름다운 일이며 그 아이에게 가장 좋은 선택입니다. 축구 선수가 히딩크 감독 같은 유능한 리더의 리더십에 복종하는 것은 그 자신과 팀의 승리를 위해 반드시 필요한 일입니다. 하나님은 왕이시지만 폭군이 아닙니다. 그분은 가장 선하고 지혜로운 분이십니다. 그분은 또한 능치 못할 일이 없으신 분입니다. 그분보다 더 선하고 유능한 지도자는 없습니다. 그리고 그분의 다스림에 복종하는 것보다 더 좋은 일은 없습니다. 그러므로 내 삶 가운데 그분의 주권을 인정하고 그 말씀에 순종하며 그 권위 아래 나를 두어야 합니다. 그분이 가라 하실 때 가고 서라 하실 때 서야 합니다. 이런 일은 사실

어려운 것이 아닙니다. 누구든 할 수 있습니다. 하나님에 대한 신뢰와 겸허한 마음만 있다면 말입니다.

기억하십시오. 하나님의 나라가 내게 임하는 것은 복음 중의 복음입니다. 그분의 나라가 임하고 전능자가 나를 다스린다면 새로운 차원의 삶이 가능해지지 않겠습니까? 그렇습니다. 하나님의 나라가 임하면 더 이상 의미와 목적이 없이 방황하는 삶을 살지 않아도 됩니다. 더 이상 스스로 인생의 운전대를 쥔 채 험하고 앞이 보이지 않는 인생길을 이리 부딪치고 저리 부딪치면서 가지 않아도 됩니다. 더 이상 자아를 충족시키지 못하는 불안과 허탈감에 빠지지 않아도 됩니다. 더 이상 돈과 권력, 쾌락에의 욕심과 집착에 사로잡히지 않아도 됩니다. 더 이상 사탄의 유혹과 통치에 속절없이 굴복하지 않아도 됩니다. 하나님의 통치는 모든 일을 바로잡고 사람들과 세상이 원래 의도되었던 모습으로 기능하게 만들 것입니다. 우리가 그분의 다스림을 받는다면 상황을 뛰어넘는 평화와 기쁨이 있게 될 것입니다. 우리는 교회에서만이 아니라 우리의 일상에서, 삶의 현장에서 하나님의 임재를 경험할 것입니다. 하나님이 우리 인생의 가장 생생한 실재가 되실 것입니다. 우리는 관계적인 면에서, 정서적인 면에서, 신체적인 면에서 치유와 회복을 경험하게 될 것입니다. 우리는 또한 우리가 하나님께 속했다는 분명한 소속감과 안정성을 가지게 될 것입니다. 자신보다 더 큰 사명을 발견하게 될 것이며 인생의 의미와 영향력을 가지게 될 것입니다. 이보다 더 좋은 삶이 어디에 있겠습니까?

그러므로 하나님 나라의 복음을 믿으십시오. 주님의 왕 되심을 받아들이고 내 마음의 왕좌에 그분을 초청하십시오. 회개하고 믿을 뿐 아니라 하나님 나라의 임함을 위해 날마다 기도하며 그 선하신 다스림에 기쁘게 복종하십시오. 당신은 복음 중의 복음을 실제로 경험하게 될 것입니다. 바로 지금 여기에서부터 말입니다.

"때가 찼다. 하나님의 나라가 가까이 왔다.
회개하여라. 복음을 믿어라."
"The time has come," he said. "The kingdom of God has
come near. Repent and believe the good news!"

13_

교회
Church

대학생 선교단체인 CCC_{Campus Crusade for Christ}에서 사용하는 《4 영리》라는 복음 전도방식이 있습니다. 그것은 복음을 4가지 영적 원리로 정리한 것인데 그 내용은 다음과 같습니다.

- 하나님은 당신을 사랑하시며, 당신을 위한 놀라운 계획을 가지고 계십니다.
- 사람은 죄에 빠져 하나님으로부터 떠나 있습니다. 그러므로 하나님의 사랑과 계획을 알 수 없고, 또 그것을 체험할 수 없습니다.
- 예수 그리스도만이 사람의 죄를 해결할 수 있는 하나님의 유일한 길입니다. 우리는 예수 그리스도를 통해서만 죄 사함을 받을 수 있고, 하나님과 올바른 관계를 회복할 수 있습니다.

- 우리 각 사람은 예수 그리스도를 '나의 구주, 나의 하나님'으로 영접해야 합니다. 그러면 우리는 구원을 선물로 받을 뿐만 아니라 우리 각 사람에 대한 하나님의 사랑과 계획을 알게 되며, 또 그것을 체험하게 됩니다.

수없이 많은 사람이 산뜻하게 정리된 이 복음의 요약을 통해 예수님을 자신의 구주로 영접하고 믿었을 것입니다. 그러나 이 4영리의 어느 부분에서도 우리는 교회에 대한 내용을 찾아볼 수 없습니다. 이는 4영리뿐 아니라 《다리 예화》, 《로마의 길》 등 다른 어떤 전도 방법에도 마찬가지입니다.

위의 예에서 보듯 일반적으로 우리는 복음과 교회가 직접적인 상관이 없다고 생각합니다. 그리스도인 가운데서도 복음의 내용에 교회가 들어간다고 생각하는 사람은 잘 없습니다. 그러나 신약성서는 복음과 교회가 불가분의 관계에 있음을 보여줍니다. 사도 바울은 에베소 교회에 보내는 편지에서 예수님의 십자가 행위가 개인의 죄를 용서하는 결과뿐 아니라 유대인과 이방인 사이에 있는 담을 허물어 "제3의 인류"인 교회를 만들었다고 설명합니다.

그리스도는 우리의 평화이십니다. 그리스도께서는 유대 사람과 이방 사람이 양쪽으로 갈라져 있는 것을 하나로 만드신 분이십니다...그분은 이 둘을 자기 안에서 하나의 새 사람으로 만들어서 평화를 이루시고, 원수 된 것을 십자가로 소멸하시고 이 둘을 한 몸으로 만드셔서, 하나님과 화해시키셨습니다(엡 2:14a, 15b-16).

그래서 에베소 교인들도 하나님의 가족인 교회의 일원이 된 것입니다. "그러므로 이제부터 여러분은 외국 사람이나 나그네가 아니요, 성도들과 함께 시민이며 하나님의 가족입니다(엡 2:19)."

우리가 일반적으로 생각하는 복음이 인간과 하나님 사이의 무너진 관계를 회복시키는 복음의 수직적 차원에 초점을 두는 것이라면 바울의 이 서술은 인간과 인간 사이의 담을 허물고 그들을 예수 그리스도 안에서 하나 되게 하는 복음의 수평적이고 공동체적 차원을 다룬다고 말할 수 있습니다. 십자가는 땅에서 하늘로 향하는 나무도 있지만 양옆을 가리키는 나무도 있지 않습니까? 다시 말해 복음은 개인뿐 아니라 교회에 대해서도 언급하고 있다는 것입니다.

이처럼 교회는 복음의 중요한 요소이며 그 자체가 복음입니다. 복음을 받아들이는 사람은 반드시 교회도 받아들여야 합니다. 그 말은 교회 공동체의 가치와 중요성을 믿고 그 공동체의 책임 있는 일원으로 살아가야 한다는 뜻입니다. 그 교회 공동체를 통해 믿음 생활을 하고 그 구성원들과 함께 교제하며 또 하나님을 섬긴다는 말입니다. 그런데 이 사실이 누군가에게는 상당히 불편합니다. 어느 교회에도 제대로 소속되지 않은 채 그냥 혼자 예수님을 믿고 다른 사람과 엮이기를 원치 않는 사람에게 교회는 복음의 또 다른 불편한 진실입니다.

사람들은 왜 교회에 소속되기를 불편해할까요? 여러 가지 이유가 있을 것입니다. 어떤 사람은 개인주의적 생활방식이 몸에 배어 누군가와 새롭게 관계를 맺는다는 자체를 불편하게 생각합니다. 또 어떤 사람은 관계의 상처 때문에 두려워하기도 합니다. 자신을 드러내고 누군가를 받아들이는 과정 가운데 상처를 입을 수 있는데 그것이 두렵고 불안한 것입니다. 또 다른 사람은 제도화된 모임을 좋아하지 않아서 그렇게 할 수도 있습니다. 그냥 내가 모이고 싶을 때 모이고 누군가를 만나고 싶을 때 만나면 되지 꼭 시간을 정해놓고 모임을 가지며 직분, 조직, 예식, 프로그램 등 체제를 만들어야 하느냐고 그들은 생각합니다.

이 모든 것보다 더 큰 이유는 아마 교회에 대한 부정적인 생각 때문일 것입니다. 교회가 저지른 잘못과 어리석은 행동들 때문에 교회를 부정적으로 바라보는 사람들이 상당히 많은 것이 현실입니다. 그들은 누군가의 말처럼 "예수는 좋지만 교회는 싫다"며 교회를 멀리합니다. 특별히 지금 대한민국에는 안티 기독교적 정서를 가진 사람들이 적지 않습니다. 그들은 기독교를 "개독교"라고 하며 교회와 목회자들을 노골적으로 적대시합니다. 그들의 그런 태도에는 복음에 대한 무지와 기독교에 대한 오해가 한몫을 하기도 했겠지만 그동안 교회가 저지른 잘못이 그런 부정적이고 적대적인 태도의 형성에 큰 역할을 했음도 부인할 수 없습니다.

그들 가운데는 또한 과거 교회에서 상처를 받은 사람들도 상당수 있는 것으로 보입니다. 교회에 소속되어 활동했었는데 목회자나 교회가 그들을 실망시킨 것입니다. 우리나라에 최근 "가나안 성도"라는 사람들이 늘어난다고 합니다. "가나안 성도"란 다른 게 아니라 교회를 안 나가는 신자를 일컫습니다. 가나안을 거꾸로 하면 "안 나가"가 됩니다. 그들은 스스로를 믿는 사람이라고 일컫지만 특정한 교회에 나가거나 소속되지 않습니다. 《한국기독교 목회자 협의회》가 조사한 "2017 한국인의 종교생활과 의식조사" 결과에 의하면 기독교인 가운데 '교회에 다니지 않는다'고 답한 비율이 무려 23.3%에 달했습니다. 제법 이름이 알려진 기독 실업인 가운데 한 사람은 독실한 기독교인으로 자처하는데도 불구하고 '교회가 오히려 선교를 방해한다'며 교회에 대한 부정적인 말을 종종 한다고 합니다.

그러나 교회에 대한 온갖 오해와 부정적 인식에도 불구하고, 그리고 교회의 온갖 연약함과 문제에도 불구하고 하나님은 교회를 귀중하게 생각하시며 교회가 예수님의 십자가로 만들어진 복음의 산물일 뿐 아니라 그 자체로 복음의 중요한 요소라고 말씀하십니다. 그러므로 우리도 교회를 받아들이며 소중히 여길 뿐 아니라 기뻐해야 할 것입니다.

저는 교회가 참으로 복음, 즉 기쁜 소식이라고 생각합니다. 교회가 없었다면 과연 제가 지금의 위치에 있을 수 있었을까요? 저의 믿음이 지금의 상태에 이르도록 자랄 수 있었을 것이며 영적인 보호를 받을 수 있었을까요? 그렇지 않았을 것입니다. 실제로 저는 교회를 통해서 복음을 들었고 영적 양육을 받았습니다. 돌이켜보면 문제가 없었던 교회는 하나도 없었지만 그럼에도 불구하고 제가 속했던 모든 교회가 저의 신앙 성숙과 영적 성장에 나름대로 소중한 역할을 하였음을 인정하지 않을 수가 없습니다. 생각해보십시오. 처음 믿은 신자에게 교회가 없다는 말은 갓난아기에게 어머니가 없다는 것과 같습니다. 그래서 세계적인 전도자 빌리 그레이엄 목사님은 대규모 전도 집회를 하고 나서 그날 저녁에 예수님을 영접한 사람들이 어디서 무엇을 하고 있을지 염려가 되어 잠을 이루지 못했다고 하지 않습니까? 그래서 그는 제자훈련으로 잘 알려진 선교단체 《네비게이토》의 창시자 도슨 트로트맨Dawson Trotman의 도움을 요청했고 결신자들을 교회에 연결시켜 주었다고 합니다.

교회는 우리에게 참으로 굿 뉴스입니다. 그것은 하나님께서 당신의 피 값을 주고 사셔서 우리에게 주신 아주 특별한 선물입니다. 교회는 영적 가족으로서 우리가 건강하게 자라가고 생활할 수 있는 환경을 제공합니다. 목회자와 교사들은 마치 부모처럼 영혼의 양식을 제공하고 위험에 빠지지 않도록 보호할 뿐 아니라 바른길로 이끌기 위해 최선을 다합니다. 성도들은 서로 삶을 나누고 기도해줍니다. 어려울 때 손을 내밀어 붙들어줍니다. 지상의 교회는 결코 완벽하지 않고 흠이 많지만 그럼에도 불구하고 교회가 없다면 우리는 결코 하나님께서 원하시는 모습으로 설 수 없을 것입니다. 저는 미국 유학에서 돌아와 얼마간 교회 탐방을 위해 특정한 교회 공동체에 소속되지 않았던 때가 있었는데 그때 교회의 존재가 얼마나 그리웠는지 모릅니다.

교회가 복음인 이유는 많지만 특별히 교회를 복음으로 느끼게 하는 한 가지는 교회가 우리의 관계적인 갈망을 채워줄 수 있기 때문입니다. 인간의 가장 깊은 갈망이 무엇일까요? 그것은 바로 관계에 대한 것입니다. 모든 사람은 예외 없이 깊고 친밀한 관계를 꿈꿉니다. 그것은 인간이 관계적인 하나님을 닮은 존재, 즉 하나님의 형상으로 창조되었기 때문입니다. 해서 아무리 돈이 많고 권력이 있어도 참된 관계가 없으면 인간은 진정으로 행복하거나 만족할 수 없습니다. 하버드대의 사회과학자인 로버트 풋남Robert Putnam이 이끄는 연구팀이 9년 동안 7,000명의 삶을 추적하여 조사한 결과에 의하면 나쁜 식사습관과 같은 해로운 건강습관을 가지고 있지만 견고한 사회적 관계 속에서 살았던 사람들은 규칙적인 운동, 건강식품 섭취와 같이 훌륭한 건강습관을 가지고 있지만 고독한 삶을 살았던 사람들보다 훨씬 더 오래 살았다고 합니다. 존 오트버그John Ortberg는 이를 자신의 책 『우리는 만나면 힘이 납니다』에서 "사랑하는 사람과 감자튀김을 먹는 것이 혼자 브로콜리를 먹는 것보다 낫다"라고 아주 맛깔스럽게 표현했습니다.

이처럼 중요하고 절실한 인간관계의 필요를 하나님은 교회를 통해 채우기를 원하셨습니다. 누군가 말한 것처럼 하나님께서는 단순히 신앙만이 아니라 소속의 문제를 해결하기 위해 교회를 만드신 것입니다. 그래서 신분이나 성별이나 학벌 등과 상관없이 그리스도 안에서 다 하나라고 선언하시고 예수님께서 우리를 사랑하신 것처럼 서로 사랑하라는 계명을 교회라는 공동체에 주신 것입니다. 같은 맥락에서 바울도 로마 교회에 보내는 서신에서 성도들에게 "기뻐하는 사람들과 함께 기뻐하고 우는 사람들과 함께 울라"고 권면한 것입니다(롬 15:12). 그렇게 할 때 교회는 이 이기적이고 외로운 세상에 진정한 의미의 복음이 될 수 있을 것입니다. 예수님께서도 말씀하지 않으셨나요? 우리가 서로 사랑할 때 사람들이 우리가 예수님의 제자인 줄 알게 될 것이라고 말입니다.

교회는 우리가 혼자서 할 수 없는 것을 할 수 있도록, 그리고 우리 안의 가장 깊은 갈망을 채울 수 있도록 하나님께서 우리에게 주신 선물입니다. 그런 의미에서 교회는 복음입니다. 복음의 수평적 차원이며 복음의 결과물이기도 합니다. 우리는 이 교회를 기뻐하고 경축하며 사랑해야 합니다. 그리고 연약한 사람들끼리 서로 용납하고 용서하며 최선을 다해 사랑함으로써 더 많은 사람에게 교회가 진정한 의미의 복음이 되도록 노력해야 합니다. 그럴 때 사람들은 복음을 받아들이는 것처럼 교회를 받아들이고 복음을 믿는 것처럼 교회를 믿게 될 것입니다. 기억하십시오. 교회는 복음입니다.

이 성령은, 하나님의 소유인 우리가 완전히 구원받을 때까지
우리의 상속의 담보이시며, 우리로 하여금
하나님의 영광을 찬미하게 하십니다.
who is a deposit guaranteeing our inheritance until the
redemption of those who are God's possession–
to the praise of his glory.

가장 아름다운 소식, 복음

14_

성령

The Holy Spirit

영어로 성령을 Holy Spirit이라고 합니다. 미국의 한 어린이에게 삼위일체 하나님의 철자를 쓰라고 했더니 성부 하나님과 성자 예수 그리스도에 대해서는 맞게 썼는데 성령은 Holy Spearmint라고 썼다는 것입니다. 스피어민트는 껌 이름인데 아이가 좀 헷갈린 모양입니다. 그만큼 성령이 생소하다는 뜻이겠죠.

성령은 삼위일체 하나님의 제3위 하나님이십니다. 그러나 앞의 예에서도 보듯이 많은 사람에게 성령님은 성부 하나님이나 성자 하나님보다는 좀 낯설게 느껴집니다. 하나님 아버지는 아버지라는 타이틀 때문에 우리에게 보다 친숙하게 다가옵니다. 하나님의 아들이신 예수 그리스도는 이 땅에 우리 인간과 같은 모습으로 오셨기 때문에 동일시하기가 더 쉽습니다. 그분은 완전한 하나님이시지만 동시에 우리와 같은 사람이셨습니다. 만질 수 있고 눈으로 볼 수 있는 존재였습니다. 그러나 성령 하나님은 뭔가 잘 이해가 되지 않습니다. 그분의 존재 자체가 많은 사람에게 "미스터리"입니다.

성령은 20세기에 들어서서 "오순절 은사 운동"의 등장으로 더욱 "혼란스러운" 존재가 됩니다. 어떤 사람들은 성령께서 이런저런 일을 하신다고 하는데 다른 사람들은 그것이 귀신의 행위라고 주장합니다. 어떤 사람들은 성령께서 오늘날도 기적과 방언과 신유와 같은 초자연적 은사를 주신다고 하는데 다른 사람들은 그런 은사가 사도시대 때 그쳤다고 합니다. 그와 같은 논쟁으로 인해 많은 교회가 갈라졌고 그리스도인들이 다툼에 휘말렸습니다. 오죽했으면 "누가 성령을 두려워하랴"Who's afraid of the Holy Spirit?라는 제목의 책까지 나왔겠습니까? 이는 많은 사람이 성령을 두려워한다는 뜻이 아닐까요?

그뿐만이 아닙니다. 성령을 빙자한 수많은 오류와 왜곡이 믿는 사람뿐 아니라 예수님을 믿지 않는 사람들까지도 인상을 찌푸리도록 만듭니다. 성령 사역을 한다는 사람이 시정잡배나 쓰는 상스러운 언어를 입에 담습니다. 직통 계시라는 미명 하에 성경의 진리에 의해 지지받을 수 없는 온갖 허튼소리를 퍼뜨립니다. 천국과 지옥을 보고 왔다면서 정말 기괴

한 이야기를 합니다. 성령의 역사라고 하는데 실제로는 영적인 폭력에 가까운 일들이 거침없이 자행됩니다. 사람을 때려서 쓰러뜨리기도 하고 안수 안찰이라는 이름으로 환자의 몸에 상처를 내기도 합니다. 그런 행위로 인해 심지어는 병을 얻거나 목숨을 잃는 경우도 있습니다. 고신대의 박영돈 교수는 『일그러진 성령의 얼굴』이라는 책에서 위장의 명수인 마귀는 성령의 얼굴도 모방한다면서 이렇게 주장합니다. "성령집회라는 모임에서 성령의 얼굴과 마귀의 얼굴이 혼재되어 나타나며 성령의 사역자라는 이들에게서 두 얼굴이 교차되어 나타나기도 한다."

이런 상황에서 복음과 성령을 연관 짓는 것은 많은 사람을 불편하게 만들지 모릅니다. 그냥 예수님의 십자가 복음만 말하면 되지 왜 굳이 성령을 거기다 갖다 붙이냐는 것입니다. 성령님의 등장이 오히려 단순하고 순수한 복음을 복잡하고 혼란스럽게 만들지는 않을까 염려합니다. 사람들로 하여금 복음을 이해하고 받아들이게 하는 일에 성령님에 대한 언급이 방해하지는 않을까 우려하는 것입니다. 그런 측면에서 보면 성령은 복음의 또 다른 불편한 진실처럼 보입니다.

그렇다면 복음에 대한 논의에서 왜 꼭 성령님에 대해 말해야 합니까? 성령님은 도대체 복음과 무슨 상관이 있습니까? 우선 성령님은 복음 그 자체이신 예수 그리스도가 이 땅에 오셔서 구속의 사역을 하시는 일에 결정적 역할을 하셨습니다. 예수님은 성령에 의해 처녀의 몸에서 나셨습니다. 그분은 성령의 인도하심으로 광야에서 사탄의 유혹을 이기셨습니다. 그분은 또한 성령의 능력으로 온갖 기적을 행하셨고 죽은 사람들 가운데서 부활하셨습니다. 이 말은 성령님이 아니었으면 우리가 아는 예수님도 없었고 복음도 없었을 것이라는 뜻입니다.

성령님은 또한 사람들이 기독교 복음을 받아들이는 일에 핵심적인 역할을 합니다. 성령님이 아니면 사람들은 죄를 깨달을 수도 없습니다. 사도 요한은 성령께서 오시면 사람들로 하여금 자기들을 위하여 목숨까지 내어주신 그 예수님을 믿지 않는 것이 죄라는 사실을 깨우치게 만들 것이라고 설명합니다(요 16:9). 다시 말해 죄의 본질이 소소한 윤리적 범죄보다 예수님의 지고지순한 사랑을 무시하고 거절하는 데 있다는 뜻입니다. 그뿐 아니라 성령님이 아니면 예수님을 주님으로 믿을 수도 없습니다. 사도 바울은 고린도 교회에 보낸 첫 번째 편지에서 "성령을 힘입지 않고서는 아무도 '예수는 주님이시다'하고 말할 수 없다"라고 선언합니다(고전 12:3). 한마디로 성령님의 도움이 없이는 누구도 예수님을 믿을 수 없고 복음을 받아들일 수 없습니다.

더 나아가서 성령님은 누군가가 복음을 듣고 예수 그리스도를 자신의 구주와 주님으로 영접할 때 그 사람에게 오셔서 그 안에 내주하십니다. 이는 예수님께서 직접 하신 약속의 말씀이기도 합니다. 그분은 유대인들의 3대 절기 중 하나이며 가장 즐거운 축제라는 초막절 마지막 날에 지상 최고의 축제 가운데서도 여전히 목말라하는 사람들을 향해 다음과 같이 외치셨습니다.

"목마른 사람은 다 나에게로 와서 마셔라. 나를 믿는 사람은, 성경이 말한 바와 같이, 그의 배에서 생수가 강물처럼 흘러나올 것이다." 이것은, 예수를 믿은 사람이 받게 될 성령을 가리켜서 하신 말씀이다(요 7:37-39).

복음을 듣고 예수님을 믿는 사람 안에 성령이 거하시고 그 성령은 마치 생수처럼 그를 살릴 뿐 아니라 강물처럼 흘러 다른 사람까지 적실 수 있게 될 것이라는 약속의 말씀입니다.

그 성령님은 바울이 명백하게 말한 것처럼 믿는 자의 안에 거하십니다. 해서 모든 믿는 자는 하나님의 성령이 거하시는 집, 곧 성전이 된 것입니다(고전 6:19). 그렇게 우리 안에 계시면서 그분은 우리에게 능력을 주시고 우리를 도우십니다. 예수님은 승천하시기 직전, 제자들에게 "성령이 너희에게 내리시면, 너희는 능력을 받고, 예루살렘과 온 유대와 사마리아에서, 그리고 마침내 땅 끝까지 이르러 내 증인이 될 것이다"라고 말씀하셨습니다(행 1:8). 그들은 실제로 그렇게 했습니다. 이처럼 성령은 우리에게 초자연적이고 영적인 능력을 부여하십니다.

그런 측면에서 성령은 그 자체로 복음입니다. 복음을 좀 넓게 정의하자면 "우리가 할 수 없는 일을 하나님께서 우리를 위해 하신다"는 기쁜 소식이 아닙니까? 성령님이야말로 우리가 할 수 없는 일을 우리를 위해 하시는 분입니다. 그래서 베드로를 비롯한 사도들은 성령님을 하나님께서 믿는 자에게 주시는 "선물"로 묘사한 것입니다. 사도들만이 아닙니다. 구약의 예언자들도 같은 개념으로 말을 합니다. 한 예로 바벨론에 끌려간 유대인 포로 공동체에서 활동한 주전 6세기의 예언자 에스겔 선지자는 하나님께서 인간과 맺으실 새로운 언약에 대해 설명하면서 다음과 같은 하나님의 약속을 전합니다.

너희에게 새로운 마음을 주고 너희 속에 새로운 영을 넣어 주며, 너희 몸에서 돌같이 굳은 마음을 없애고 살갗처럼 부드러운 마음을 주며, 너희 속에 내 영을 두어, 너희가 나의 모든 율례대로 행동하게 하겠다. 그러면 너희가 내 모든 규례를 지키고 실천할 것이다(겔 36:26-27).

"새로운 영", 즉 성령을 선물로 주셔서 그들이 이전에는 할 수 없었던 순종을 하게 하고 새로운 차원의 삶을 살 수 있게 하시겠다는 말씀입니다. 어느 찬송 가사처럼 할 수 없는 일을 하게 하고 갈 수 없는 곳에 가도록 하겠다는 것입니다.

예수님의 제자들과 사도들이 바로 그 증인입니다. 알다시

피 예수님의 제자들은 다 별 볼 일 없는 사람들이었습니다. 그들은 최고의 스승에게서 3년이 넘는 세월 동안 훈련을 받았지만 그 스승 앞에서 자리다툼이나 하다가 정말 중요한 순간에 다 예수님을 버리고 뿔뿔이 흩어져버립니다. 부활하신 것을 목격한 후에도 인간적인 연약함 때문에 순간적으로 두려워하고 때로 의심하기도 했습니다. 그러다가 그들이 달라집니다. 오순절 성령강림 이후 그들은 원수들이 우글거리는 예루살렘에서부터 담대히 복음을 전하기 시작합니다. 그들은 더 이상 두려워하지 않았습니다. 고관들의 협박과 핍박도 이들을 막을 수 없었습니다. 무식한 제자들의 말씀을 듣고 삼천 명, 오천 명이 믿음의 반응을 보이는 엄청난 일이 일어납니다. 역사학자들이 다 인정하는 것처럼 그리하여 예루살렘이라는 가장 적대적인 도시에서 기독교가 시작되어 그 무서운 박해와 방해를 이겨내고 3세기 만에 로마제국을 뒤집어엎는 폭발적인 성장을 하게 된 것입니다. 그 비결이 무엇이었을까요? 예수님의 부활에 대한 목격과 함께 제자들이 경험한 성령님의 임재입니다. 성령께서 권능을 주시고 초자연적인 역사를 일으키게 하신 것입니다.

그런 일은 지금도 일어나고 있습니다. 통찰력 있는 전도자이자 성경 교사였던 토레이R. A. Torrey 박사는 이런 말을 남겼습니다.

> 성령은 정말로 사람을 살리신다. 그분은 죽은 자를 살리실 수 있다. 도덕적으로 죽은 사람에게 생명을 주실 수 있다. 사람들에게는 구제 불능으로 보일 정도로 양심이 문드러진 사람을 완전히 새롭게 고치실 수 있다. 나는 그런 일을 얼마나 많이 보았는지 모른다. 방황하고 황폐하고 사악한 사람들이 까닭도 모른 채 집회에 참석하는 일이 얼마나 많은지 모른다. 그들을 향해 말씀이 선포된다. 하나님의 영이 그들의 마음에 말씀의 씨앗을 뿌린다. 이윽고 그들은 성령의 권능으로 새로운 피조물이 된다.

성령님은 또한 우리의 삶에서 죄를 이길 수 있도록 도우십니다. 바울은 갈라디아 교회의 성도들에게 이런 권면을 합니다. "여러분은 성령께서 인도하여 주시는 대로 살아가십시오. 그러면 육체의 욕망을 채우려 하지 않을 것입니다(갈 5:16)." 수

많은 사람이 시도해봐서 잘 알겠지만 내 의지를 다해 노력한다고 해서 죄와 욕심을 이길 수는 없습니다. 오직 성령님만이 나를 변화시키고 나를 내면에서부터 새사람으로 만들어 주십니다.

오늘날 성인으로 알려져 있는 어거스틴은 원래부터 그런 사람이 아니었습니다. 그는 성적으로 문란한 삶을 살았습니다. 그러나 예수님을 믿은 후 성령님은 그를 새 사람으로 만드셨습니다. 한번은 그의 옛 정부가 그를 우연히 만나 반가워하며 유혹의 말을 건넸습니다. "어거스틴, 나예요!"It's Me! 그러자 그가 이렇게 대답했다고 합니다. "나는 내가 아니요!"It's not Me! 그는 과거의 그가 아니었습니다. 성령께서 그의 마음을 바꿔주시고 유혹을 이길 힘도 주셨던 것입니다. 뉴욕의 브루클린에서 마약중독자와 매춘부, 노숙자 등 밑바닥 인생들의 삶을 혁명적으로 뒤바꾸는 놀라운 일에 쓰임 받고 있는 짐 심발라Jim Cymbala가 지적한 것처럼 "기독교는 스스로 노력하는 종교가 아니라 능력의 종교"이며 "성령의 능력과 권능의 종교"입니다.

우리는 이 성령님을 정말 기쁘게 받아들이고 그의 활동

을 기대하며 그분을 전적으로 의지해야 합니다. 어느 책에서 "성령을 의식만 해도 문제의 90%가 해결된다"라는 글을 읽은 적이 있는데 의식만 해도 그렇다면 믿고 기대하며 의지할 때 어떤 일이 일어나겠습니까? 우리는 그분을 정말로 받아들여야 합니다. 예수님은 요한복음 15장에서 "너희가 나를 떠나서는 아무것도 할 수 없다"라고 하셨는데 그 말씀은 우리가 성령님을 떠나서는 아무것도 할 수 없다는 말과 같습니다. 왜냐하면 오늘날 성령님은 승천하신 예수님 대신 이 땅에 오신 또 다른 "보혜사"이시기 때문입니다. 열정적 설교자인 토니 에반스Tony Evans가 잘 설명한 것 같이 성령님은 마치 자동차의 점프 케이블처럼 예수님의 능력을 우리에게 전달해주시는 분이십니다. 그게 바로 그분이 우리의 삶에 접속되도록 해야 하는 이유입니다.

기억합시다. 성령님은 많은 사람이 무기력증에 시달리는 이 시대의 복음입니다. 우리는 근대 세계의 과학주의와 이성적 냉소주의에 젖어 성령을 불신할 것이 아니라 그분께 마음을 열어야 합니다. 성령님을 믿고 의지하며 그분이 내가 할 수 없는 일을 하게 하시고 내가 갈 수 없는 곳에 가게 하심을 기대해야 합니다. 그리고 간절히 기도해야 합니다. 그분은 우리를 예수 믿고 구원받게 하실 뿐 아니라 예수님을 닮게 변화시키고 성화의 길로 우리를 인도하십니다. 그분은 상식으로 설명될 수 없는 일을 하시고 하나님만이 하실 수 있는 일을 오늘날도 하십니다. 그러므로 우리는 십자가 복음에 마음을 여는 것처럼 성령의 기쁜 소식에도 마음을 활짝 열어야 합니다.

19세기 영국 런던에서 사역한 스펄전 목사는 파워풀한 설교로 수많은 사람에게 영향을 준 설교자였습니다. 설교의 황태자라는 별명을 얻은 그는 매주 만 명이 넘는 교인들에게 말씀을 전했습니다. 그뿐만 아니라 그의 설교는 당시 영국의 신문에 실려 수많은 사람에게 읽혔습니다. 그런 그가 설교하기 위해 설교단으로 향할 때마다 반복해서 중얼거리던 말이 있었다고 합니다. 그것은 바로 "나는 성령을 믿습니다!"라는 말이었습니다. 그것이 바로 그의 설교가 그토록 강력하고 효과적이었던 이유였습니다. 그는 성령을 믿었고 의지했습니다.

우리도 스펄전처럼 고백해야 합니다. "나는 성령을 믿습니다!" "나는 성령을 믿습니다!" 그렇게 마음을 다해 믿을 때 성령님은 우리를 위한 진정한 복음이 될 것입니다. 우리의 삶이 달라질 것입니다. 우리가 우리 힘만으로는 할 수 없는 일을 하게 되며 우리가 그토록 원했던 삶을 살 수 있게 될 것입니다. 그리고 그 삶은 누군가에게 보이고 만져지는 생생한 복음이 될 수 있을 것입니다.

감사의 글

내 인생 최고의 행운은 복음을 듣고 믿게 된 것입니다. 뭔가가 심하게 잘못되었지만 어떻게 바로잡을지 알지 못한 채 별다른 소망도 없이 퇴폐적인 록 음악에 몸을 맡기며 무의미한 삶을 꾸역꾸역 살고 있던 한 젊은이에게 높으신 하나님이 모든 것을 아시면서도 있는 모습 그대로 사랑하신다는, 그것도 당신의 외아들까지 대신 희생시킬 정도로 사랑하신다는 복음의 메시지는 정말 믿을 수 없을 만큼 기쁘고 아름다운 소식이었습니다. 감히 말하건대 지금의 제 삶은 그 복음의 결과물입니다. 그 아름다운 복음을 만나는 데 도움을 주신 모든 분들에게 진심으로 감사를 드립니다.

함께 복음 중심적인 교회를 세워나가고 있는 사랑빛는 교회의 성도들에게도 감사를 표하고 싶습니다. 복음을 위해 손을 맞잡을 동역자가 있다는 것은 얼마나 큰 축복인지요. 주님 오실 때까지 복음의 메시지를 흐리지 말고 오히려 복음을 굳게 붙들며 나아가는 교회가 되기를 바랍니다. 비록 우리를 둘러싼 영적 환경은 점점 어려워지고 있지만 복음의 능력을 체험하면서 사랑의 마음으로 복음을 전하고 그 복음을 삶으로 살아내는 교회의 미션을 결코 잃어버리지 않기를 기도합니다.

바쁜 사역의 수많은 요구 가운데서도 소중한 시간을 내어 추천의 글을 써주신 김관성 목사님, 김택수 총장님, 손창남 선교사님, 이상만, 이재학 두 대표 목사님들에게 감사를 드립니다. 여러모로 부족함이 적지 않은 책이지만 그럼에도 불구하고 사랑과 격려의 마음으로 추천해주신 줄 잘 알고 있습니다. 그래서 더욱 감사드립니다.

이 책이 아름다운 모습으로 세상에 나오도록 수고해준 디자이너 유영이 사모와 멋진 손글씨를 써 준 유명숙 간사에게도 감사를 드립니다. 주님을 사랑하고 복음을 사랑하며 영혼을 사랑하는 훌륭한 사역자들입니다.

아울러 언제나처럼 꼼꼼히 원고를 읽고 조언과 교정의 힘든 일을 감당하며 함께 해산의 고통을 겪은 아내에게도 사랑과 감사를 표하고 싶습니다. 그녀를 포함한 저의 모든 사랑하는 가족들과 함께 이 인생 여정을 동행할 수 있음은 제게 큰 축복입니다. 복음의 능력으로 그 동행이 이 땅을 넘어 영원한 세계에까지 이어지기를 소망합니다.

부디 이 작은 책이 인류가 들을 수 있는 최고의 굿 뉴스이자 가장 아름다운 소식인 복음을 더 많은 비그리스도인에게 소개하는 일과 그리스도인을 포함한 모두가 복음의 능력을 경험하는 일에 조금이라도 쓰임 받기를 기도합니다.

마지막으로 소망 없는 저의 인생에 찾아오셔서 위대한 복음을 만나게 하시고 죄와 어두움의 권세에서 구원해주셨을 뿐 아니라 복음을 전하는 자의 영광스러운 삶으로 불러주신 좋으신 하나님께 온 마음을 다해 감사와 찬양을 드립니다.

오직 주님만이 영광을 받으소서! Soli deo gloria!

나는 복음을 부끄러워하지 않습니다.
이 복음은 유대 사람을 비롯하여
그리스 사람에게 이르기까지,
모든 믿는 사람을 구원하는 하나님의 능력입니다.
For I am not ashamed of the gospel,
because it is the power of God
that brings salvation to everyone who believes:
first to the Jew, then to the Gentile.

가장 아름다운 소식, 복음

가장 아름다운 소식 **복음**

지은이 **이재기**

초판 1쇄 발행 2019년 4월 25일
    2쇄 발행 2019년 11월 20일

펴낸곳   도서출판 은채
디자인   유영이
캘 리   유명숙
총 판   하늘유통 (031)947-7777

등록번호   제 2017-000011호
주   소   경기도 군포시 고산로 643번길 9
전   화   (070)4025-0648
이 메 일   ceraforjc@naver.com

정   가   10,000원
I S B N   979-11-962034-2-9 03230

잘못된 책은 바꾸어 드립니다.